农民关注
300问

主　编　吕滨

执行主编　江海　邓敏军

江西人民出版社

图书在版编目(CIP)数据

农民关注 300 问/吕滨 主编. —南昌:江西人民出版社,
2009. 7

ISBN 978 - 7 - 210 - 04111 - 5

Ⅰ. 农... Ⅱ. 吕... Ⅲ. 农业政策—中国—回答
Ⅳ. F320 - 44

中国版本图书馆 CIP 数据核字(2009)第 071944 号

农民关注 300 问

吕 滨 主编

江西人民出版社出版发行

江西嘉欣印务有限公司印刷 新华书店经销

2009 年 7 月第 1 版 2013 年 4 月第 4 次印刷

开本:880 毫米×1230 毫米 1/32 印张:9 字数:230 千

ISBN 978 - 7 - 210 - 04111 - 5 定价:16.00 元

江西人民出版社 地址:南昌市三经路 47 号附 1 号
邮政编码:330006 传真:86898827 电话:86898893(发行部)
网址:www. jxpph. com
E - mail:jxpph@ tom. com web@ jxpph. com
(赣人版图书凡属印刷、装订错误,请随时向承印厂调换)

序

　　农业、农村、农民问题历来为全党所高度关注。改革开放以来，尤其是党的十六大以来，党中央、国务院坚持"多予、少取、放活"的方针，出台了一系列强农惠农政策，充分调动了广大农民发展生产的积极性。在短短的几年内，我国粮食产量和其他主要农产品产量大幅度增加，基本实现供求平衡；农民就业渠道不断拓宽，农民收入不断增长；农村教育、文化、卫生等各项社会事业取得新的成就，农村社会和谐稳定。农村经济社会保持又好又快发展，为实现整个国民经济社会又好又快发展奠定了坚实基础。

　　宣传惠农政策，是"三农"工作的重要组成部分，是贯彻落实党在农村方针政策的有效途径，是推进新阶段农业与农村经济社会发展的重要手段。为使党的农村政策落到实处，长期以来，各地各有关部门多形式、多渠道开展党的强农惠农政策宣传。但总体来看，宣传力度仍然需要大力加强，尤其是要加强有关政策的宣传，让农民了解法律政策，提高维护自身权益的意识和能力，是非常重要的。

　　由吕滨同志主编、江西人民出版社出版的《农民关注300问》是一本让农民看得懂、用得上、买得起的通俗政策读物。该书最为明显的特点是以问答的形式，将农民群众最关心、受益最直接的强农惠农政策一一讲解,将与农民日常生活密切相关的社会管理问题逐项解答,贴近农民群众,符合农村需要,突出内容的科学性、教育性、实用性和可读性。这本书不但力求最大限度地满足农民群众的政策需求,而且适合广大基层干部的工作需要;既是农民群众了解政策的通俗读本,又是基层干部的工作手册。同时,也可以作为基层党组织教育和基层公务员考试的辅助教材,是一本不可多得的好书。

党的农村政策是不断完善的,每一年都有新的政策出台,希望本书的编撰者、出版者能与时俱进,不断对这本书进行修改完善,使之成为广大农村干部群众常备的一本政策指南。同时也希望广大农村工作者能继续探索,结合工作,编撰出版更多更好的农村工作工具书和农民读物,以满足广大农村干部群众的需要。

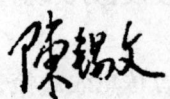

2009 年 6 月

(作者系中央财经工作领导小组办公室副主任、中央农村工作领导小组办公室主任)

目　录

一、农业补贴政策

二、涉农税收优惠政策

三、金融支农

四、政策性农业保险

五、农业问题

六、农村经营制度

七、发展农村沼气

八、农业环境保护

九、农民负担监督管理

十、林业问题

十一、水利问题

十四、支持农民就业创业

十五、新农村建设

十六、农村公路建设

十七、活跃农村市场

十八、人口和计划生育问题

十九、农村教育

二十、农村医疗卫生

二十一、繁荣发展农村文化

二十二、农村社会保障和救济救灾

二十三、化解农村债务

二十四、加强农村基层民主建设

二十五、加强农村法制建设

二十六、加强农村基层组织建设

二十七、加强农村党风廉政建设

一

农业补贴政策

1. 什么是粮食直补？粮食直补如何进行？

粮食直补即对种粮农民直接补贴，就是把原来通过流通环节的间接补贴改为对种粮农民的直接补贴，补贴资金主要通过粮食种植面积直接落实到种粮农民手中，实现对种粮农民利益的直接保护，调动农民种粮积极性，促进国家粮食安全。按照中央的统一部署，粮食直补政策从 2004 年起在江西省全面铺开。

补贴对象：根据《江西省财政厅、江西省农业厅 2004 年粮食风险基金对种粮农民直接补贴实施办法》规定，粮食直补资金的补贴对象为承包土地的种粮农户（含农场）。

发放依据：江西省粮食直补是以农户水稻实际种植面积为依据，当年的粮食直补资金按种粮农户上年的早、中、晚稻实际种植面积来补，充分体现种多少补多少、多种多补、不种不补。

补贴标准：2004 年、2005 年江西省粮食直补标准是单季种一亩水稻补贴 10 元，种一季补一季、种两季补两季。从 2006 年起至今，每亩补贴标准提高到 11.8 元。

发放方式：江西省粮食直补资金采取的是社会化方式发放，由基层财政通过农村信用社及其他农村金融机构将补贴资金直接打入种粮农户的"一卡通"银行存折。

2. 什么是农作物良种补贴？补贴标准如何？

从 2009 年开始，中央对江西省水稻、油菜、棉花、小麦、玉米五种农作物进行补贴。可以享受良种补贴的对象是实际种植上述五种农作物的农民（含农场职工）。

补贴标准为：早稻每亩 10 元，中稻每亩 15 元，晚稻每亩 15

元,油菜每亩 10 元,棉花每亩 15 元,小麦每亩 10 元,玉米每亩 10 元。补贴面积是按照农业部门制定的五种农作物的核实办法核实的实际种植面积。农民(含农场职工)可获得的补贴金额的计算公式为:补贴金额 = 该种农作物补贴标准 × 经核实的该种农作物的实际种植面积。补贴金额全部通过一卡通发放到农户手中。

3. 什么是农资综合直补? 补贴标准如何?

2006 年,中央财政对种粮农民(含国有农场的种粮职工)因成品油价格调整增支给予补贴,并综合考虑当年化肥、农药、农膜等农业生产资料预计增支因素,在已由粮食风险基金安排的粮食直补资金基础上,中央财政再新增补贴资金,对种粮农民 2006 年柴油、化肥等农业生产资料预计增支实行综合直补。此项补贴政策一直延续至今,对种粮农户的补贴只增不减。

补贴标准:2006 年江西省农资综合直补的补贴标准为种一季每亩补贴 9.2 元,以后逐年增加,2007 年为每亩 19.2 元、2008 年达到每亩 46.2 元。江西省向种粮农户兑付农资综合直补资金,除补贴标准需根据中央财政拨付的补贴资金总额每年重新核定外,其他如补贴对象、补贴依据、发放方式等都与粮食直补政策保持一致,且与粮食直补资金一并发放。

4. 享受种粮大户粮食生产补贴政策需具备哪些条件?

江西省享受种粮大户粮食生产补贴政策的条件是:

(1)个人或法人承包耕地和租种耕地合计在 100 亩以上(含 100 亩),租种耕地必须与土地承包户签有书面租种合同。国有农场、科研院所、村集体等单位没有发包耕地不得以种粮大户名义计入补贴范围。

（2）水稻生产达到一定规模，至少一季种植面积达到 100 亩以上（含 100 亩）。同时符合上述两个条件的，按当年早中晚稻实际种植面积补；如有一项条件不符合均不予补贴。

5. 种粮大户如何申报粮食生产补贴？

凡符合补贴条件的种粮大户，均需自行向耕地所在的乡镇政府或农场申报。种粮大户申报时，必须如实填报《江西省种粮大户补贴申报表》，并提供第二轮土地承包证明、租种耕地合同书原件和身份证原件。种粮大户每季插秧完毕后，必须向耕地所在的乡镇政府或农场申报水稻实际种植面积情况，乡政府或农场对种粮大户每季自行申报的种植面积情况进行登记备案后，并进行核实。

6. 农业机械购置补贴的实施内容有哪些？

（1）实施范围。为使补贴政策惠及更多农民，围绕发展水稻生产机械化，扩大血防疫区整村推进"以机代牛"规模，按照突出特点与兼顾特色相结合的原则，在坚持突出粮食主产区，重点是赣抚平原、鄱阳湖平原、吉泰盆地和赣西高产片等"三区一片"粮食主产区和血防疫区的基础上，将全省所有农业县都纳入补贴范围。特别是优先保证血防Ⅰ、Ⅱ类村"以机代牛"补贴的需要。

（2）补贴机具种类。耕整地机械、种植施肥机械、田间管理机械、收获机械、收获后处理机械、农产品初加工机械、排灌机械、畜牧水产养殖机械、动力机械、农田基本建设机械、设施农业设备和其他机械等 12 大类 34 个小类的机具。其中,手扶拖拉机和微耕机仅限在 19 个血防疫区县(区)和丘陵山区县补贴。大棚结构(含骨架、覆膜、卡具)仅限于育苗、育秧大棚。

(3)补贴标准。继续执行 30% 的补贴比例。血防疫区继续执行"以机代牛"50% 的补贴政策。单机补贴额最高不超过 5 万元的标准,并根据实际需要,将 100 马力以上大型拖拉机、高性能青饲料收获机、大型免耕播种机、挤奶机械补贴限额提高到 12 万元。

各类机具具体补贴金额以《2009 年江西省农业机械购置补贴专刊》为准。

(4)补贴数量。一户农民年度内享受补贴的购机数量原则上不超过 1 套(4 台,即 1 台主机和与其匹配的 3 台作业机具);直接从事植保工作的植保作业服务队年度内享受补贴购置植保机械的数量原则上不超过 10 台套。一户农民(渔民)年度内补贴购置增氧机、投饵机、清淤机的数量分别不超过 6 台、6 台和 1 台。

(5)补贴对象及其确定。补贴对象为纳入实施范围并符合补贴条件的直接从事农机作业的农业生产经营组织、农机大户,以及以从事农业生产、农产品初加工以及植树造林为目的而购置新型先进适用的农业机械的农民个人(农场职工),以及取得当地工商登记的奶农专业合作社、奶畜养殖场所办生鲜乳收购站和乳品生产企业参股经营的生鲜乳收购站。不包括各级行政、事业和企业单位。

在申请补贴人数超过计划指标时,补贴对象的优选条件是:农机大户、种粮大户;农民专业合作组织(包括农机专业化组织);配套购置机具的(购置主机和与其匹配的作业机具);列入农业部科技入户工程中的科技示范户;"平安农机"示范户;奶农专业合作社、奶畜养殖场所办生鲜乳收购站、乳品生产企业参股经营的生鲜乳收购站。

申请人员的条件相同或不易认定时,在优先安排没有享受过补贴的农民的基础上,根据申请补贴的先后排序或农民接受的其他方式确定。

7. 怎样申请农业机械购置补贴?

(1)申请与签订购机补贴协议。符合条件的购机者凭身份证明材料(服务组织为有关部门批准的证明,个人为身份证或户口簿;水产养殖机械的购机者还必须出具水域滩涂养殖证或养殖水面承包证明)原件和复印件自愿向县级农机部门提出购机申请,经县级农机部门审核(须核对身份证明材料)后,与县级农机管理部门签订购机补贴协议(一式三份,其中两份由县级农机部门保存一份,上报一份;另一份交由购机者,待其购机时交与补贴机具供货点),县级农机部门须将签订补贴协议的购机者名单及时公示。

(2)付款购机。购机者在购机时需向补贴机具供货点提交购机补贴协议原件和身份证明材料复印件,并在购机补贴规定时间内一次性付清扣除财政补贴资金后的全部价款。补贴机具供货点必须向购机者及时出具注有财政补贴金额和购机者实际支付金额的全额销售发票。同时,补贴机具供货点还必须向购机者出具"江西省 2009 年农机购置补贴证明表"(一式三份,其中二份交由县级农机部门保存一份,上报一份;另一份自留,待其结算资金时与补贴协议统一交付农机部门核销)。购机者付款后即提机。在非补贴机具供货点购机的不享受财政补贴资金。

（3）喷字登记。购机者提机后,应及时到县级农机部门登记,补贴机具供货点也要及时督促购机者到农机部门登记,凡未到农机部门登记的,该补贴视为无效补贴。县级农机部门应当场给机具喷上国家规定的标志与编号。

经过以上三道程序,购机者就可以放心使用农机具了,同时,有一点一定要请购机者注意:享受补贴购买的农机具,两年内不得擅自转卖或转让。因特殊情况需转让的,须经县级农机管理部门批准,并报省农机主管部门备案。

二

涉农税收优惠政策

8. 农民在机耕农作中涉及营业税方面有哪些减免税规定?

农业机耕、排灌、病虫害防治、农牧保险以及相关技术培训、家禽、牲畜、水生动物的配种和疾病防治的业务收入免征营业税。

(1)农业机耕,是指农业、林业、牧业中使用农业机械进行耕作(包括耕耘、种植、收割、植保等)的业务。

(2)排灌,是指对农田进行灌溉或排涝的业务。

(3)病虫害防治,是指从事农业、林业、牧业、渔业的病虫害测报和防治的业务。

(4)农牧保险,是指为种植业、养殖业、牧业种植和饲养的动植物提供的保险业务。

(5)相关技术培训,是指与农业机耕、排灌、病虫害防治、植保业务相关以及为使农民获农牧保险知识的技术培训业务。

家禽、家畜、水生动物的配种和疾病防治业务免税范围,包括与该项劳务有关的提供药品和医疗用具的业务。

9. 涉农企业所得税方面有哪些减免税优惠?

企业从事农、林、牧、渔业项目的所得,可以免征、减征企业所得税:

(1)企业从事下列项目的所得,免征企业所得税:蔬菜、谷物、薯类、油料、豆类、棉花、麻类、糖料、水果、坚果的种植;农作物新品种的选育;中药材的种植;林木的培育和种植;牲畜、家禽的饲养;林产品的采集;灌溉、农产品初加工;兽医、农技推广、农机作业和维修等农、林、牧、渔服务业项目;远洋捕捞。

(2)企业从事下列项目的所得,减半征收企业所得税:花卉、茶以及其他饮料作物和香料作物的种植;海水养殖、内陆养殖。

企业从事国家限制和禁止发展的项目,不得享受本条规定的企业所得税优惠。

10. 促进农民增收,实行涉农个人所得税优惠政策方面有哪些规定?

(1)农民取得的农业特产所得和从事种植业、养殖业、饲养业、捕捞业取得的所得,暂免征收个人所得税。

(2)对城市、县乡农贸市场内按有关规定未持有营业执照的个体经营者以及市场周边的流动商贩,凡是销售农产品的,如无证据证明其不属于农民自产自销或无证据核实其计税所得,不得对其核定征收个人所得税;有营业执照和固定经营场所的个体户,销售农产品的,按照财政部、税务总局、省地税局有关规定执行。

(3)对猪、牛、羊肉个体批发商、零售商个人所得税不再集中在屠宰环节委托代征,由主管税务机关对其按月核定销售额,核定征收个人所得税。属于农民自产自销的,按涉农税收优惠规定执行。

11. 地税部门在支持新农村建设,促进农村经济发展过程中有哪些优惠政策?

(1)支持新农村建设涉及的营业税、企业所得税、个人所得税优惠政策见上述规定。

（2）疾病控制和妇幼保健等卫生机构按照国家规定的价格取得的卫生服务收入，免征各项税收；自用房产、土地，免征房产税和城镇土地使用税。

（3）转让土地使用权用于农业生产的，免征营业税。

（4）直接用于农、林、牧、渔业的生产用地，免征城镇土地使用税。

（5）经批准开山整治和改造的废弃土地，凭土地管理机关出具的证明，可从使用的月份起免缴城镇土地使用税10年。

（6）国家指定的收购部门与村民委员会、农民个人书立的农副产品收购合同，免征印花税。

12. 支持返乡农民工创业就业方面有哪些优惠政策？

（1）在江西省范围内营业税起征点不再划分区域，月营业额统一调高至5000元。

（2）对农民工符合残疾人税收优惠政策条件的，按规定享受残疾人税收优惠政策。

（3）对返乡农民工创办的企业在生产经营中因发生永久或实质性损害发生的财产损失，实行即报即批政策，可抵扣当期的应纳税所得额。

（4）对企业安置残疾农民工的，在按照支付给残疾农民工工资据实扣除的基础上，再按照支付给残疾农民工工资的100%加计扣除。

（5）对返乡农民工创办的企业，按规定缴纳房产税确有困难的，按税收管理体制，逐级报省地税局给予适当减免。

（6）对返乡农民工创办的企业，按规定缴纳城镇土地使用税确有困难的，按税收管理体制，逐级报省地税局给予适当减免。

(7)对从事个体经营(除建筑业、娱乐业以及销售不动产、转让土地使用权、广告业、房屋中介、桑拿、按摩、网吧、氧吧外)的返乡农民工,从开业起两年内,免收地税发票工本费。

(8)对返乡农民工创办企业或从事个体经营,一律免收税务登记证工本费。

(9)返乡农民工创办企业或从事个体经营,按期纳税申报确有困难的,可以延期申报,延长的期限由县级地方税务局审批。

(10)返乡农民工创办企业或从事个体经营,按期缴纳税款确有困难的,可延期三个月缴纳,缓缴期内免收滞纳金。

13. 地税部门在促进返乡农民工创业就业过程中推出了哪些服务举措?

江西省地税局发出通知,要求全省地税系统加大力度,建立服务工作机制,确保支持返乡农民工创业就业税收优惠政策执行到位。同时,进一步细化服务,优化环境,以实际行动支持返乡农民工安居乐业,维护社会稳定,促进社会和谐健康发展。

(1)加大宣传力度,利用报刊、电视、网站、办税服务厅宣传栏等媒介平台,宣传优惠政策,组织开展送政策上门等丰富多彩的宣传咨询活动,深入农村、企业、街道免费向纳税人提供宣传材料,现场咨询答疑。

(2)做好服务对接工作,加强与劳动部门协调联系,参与举办提高返乡农民劳动技能、政策知识水平等培训班,使农民工及时了解掌握税费减免等税收优惠政策。

(3)开辟涉税办理"绿色通道",对返乡农民工办理涉税事宜实行"即时即办"、"一次性办结"制度,积极推行预约服务、节假日服务、上门服务。

(4)开展"百千万"活动,在全省地税系统组织百名领导干部进县定村挂点;千名办税员上门服务、现场办税;万名地税干部每人联系10个返乡农民工,联系对接10万名农民工就业创业。

为推进各项举措的落实,各地加强对政策执行情况的检查,逐级建立支持返乡农民工创业就业领导挂钩联系制度,全面掌握返乡农民工动态情况,切实执行好税收优惠政策,帮助返乡农民工走上创业就业道路。

三
金融支农

14. 为"三农"服务的银行业金融机构有哪些？分别开办了哪些业务？

　　农业是国民经济的基础,农业、农村、农民是农村金融服务的对象,也是农村金融事业发展的基础。农村金融作为我国金融事业的重要组成部分,经过几十年的发展,为我国农业和农村经济的发展作出了重要贡献。农村金融体系主要由以下银行业金融机构组成:

　　(1)中国农业发展银行。中国农业发展银行是专为农业发展服务的政策性银行,于1994年11月18日正式成立。中国农业发展银行的主要任务是:按照国家的法律、法规和方针、政策,以国家信用为基础,筹集农业政策性信贷资金,承担国家规定的农业政策性金融业务,代理财政支农资金的拨付,为农业和农村经济发展服务。其主要资金来源是中国人民银行的再贷款,同时该银行也发行少量的政策性金融债券。

　　中国农业发展银行主要业务范围是:①办理由国务院确定、中国人民银行安排资金并由财政部予以贴息的粮食、棉花、油料、猪肉、食糖等主要农副产品的国家专项储备贷款;②办理粮棉油等农副产品的收购贷款及粮油调销、批发贷款;③办理扶贫贷款和农业综合开发贷款,以及国家确定的小型农、林、牧、水基本建设和技术贷款;④为各级政府设立的粮食风险基金开户并代理拨付;⑤发行金融债券;⑥境外筹资;⑦办理业务范围内开户企事业单位的存款。中国农业发展银行不办理农民和农民兴办企业的信贷业务。

　　中国农业发展银行总行设在北京,在省、自治区、直辖市设分行,地、市设二级分行,县一级设支行。

（2）中国农业银行。中国农业银行是国有独资商业银行，是为农民、农业和农村经济服务的商业银行。中国农业银行的主要任务是：根据国家的方针、政策和法规，组织编制和执行农村信贷计划，筹集农村资金，统一调度和管理农村信贷资金，对农村的机关、团体、企业事业等单位实行现金管理和工资基金管理以及做好农村货币流通的调查工作。

中国农业银行的主要业务包括：①办理农村机关、团体、部队、企业、事业单位存款，农村合作组织和集体、个体工商户、个人储蓄存款；②办理农村国有农业企业、工业企业、商业企业和乡镇企业、集体经济组织、供销合作社以及农户和个体工商户的各项贷款；③办理农村信用合作社的存款和贷款；④办理转账结算、现金结算、票据贴现和信用卡业务；⑤办理信托、委托、代理、租赁、抵押、房地产开发、咨询等业务；⑥办理外汇存贷款、出口信贷、外汇汇款、进出口贸易结算、非贸易结算、代理外币及外币票据兑换、外币票据贴现、代客户办理即期与远期外汇买卖、外币有价证券买卖、境外外汇借款、境内外发行、代理发行外币有价证券、外汇担保和见证、资信调查和咨询服务等业务；⑦经批准，发行金融债券、代理发行债券和股票及其证券交易业务；⑧办理资金拆借业务；⑨办理中国人民银行委托的有关财政性存款和金银收购业务；⑩办理国家指定或中国人民银行及其他金融机构委托的业务。

中国农业银行总行设在北京，在省、自治区、直辖市设分行，地、市设二级分行，县一级设支行，县以下设营业所、分理处、储蓄所。

（3）农村信用合作社。农村信用合作社是由农民和集体经济组织自愿入股组成，由入股人民主管理，主要为入股人服务的具有法人资格的金融机构。农村信用合作社实行自主经营，独立核算,自负盈亏。农村信用社联合社是由辖区内农村信用社入股组成,实行民主管理,主要为入股农村信用社服务的信用社联合社组织,信用社联合社对农村信用社实行管理、监督和协调。

农村信用社主要业务范围是:①办理农户、个体户、农村合作经济组织的存款、贷款;②代理银行委托业务及办理批准的其他业务;③办理转账结算、现金结算、票据贴现和信用卡业务;④办理代付、代收及保险等中间业务。

15. 什么是银行卡? 适合农民办理的银行卡有哪些?

银行卡是由银行发行、供客户办理存取款业务的新型服务工具的总称。银行卡包括信用卡、支票卡、自动出纳机卡、记账卡和灵光卡等。因为各种银行卡都是塑料制成的,又用于存取款和转账支付,所以又称之为"塑料货币"。常见的银行卡一般分为两种:借记卡和贷记卡。前者是储蓄卡,后者是信用卡。适合农民办理的主要有农业银行发行的金穗借记卡、中国邮政储蓄银行的绿卡及农村信用社的百福卡。

(1)金穗借记卡。这是由农业银行发行的、具有存取现金、转账结算、消费、理财等全部或部分功能的支付工具。实时入账、不允许透支。办理程序:①填写金穗借记卡申请表并提供真实可靠的申请资料。②经银行审核资料后即时开立账户并发卡。

(2)邮政绿卡。这是由中国邮政储蓄银行发行,具有消费、转账结算、存取现金等全部或部分功能的金融支付工具,不允许透支。办理程序:①填写《领用中国邮政储蓄银行绿卡(借记卡)申请书》,并出示本人有效身份证件。如代他人办理,须同时提交代理人和被代理人的有效身份证件。②经银行审核资料后即时开立账户并发卡。绿卡通卡持卡人还可申请副卡,副卡在绿卡通卡授权额度内使用绿卡通卡活期账户资金进行交易。绿卡通卡持卡人承担副卡交易产生的法律责任,副卡交易产生的资产归属于绿卡通卡持卡人。

(3)百福卡。这属于记名式借记卡,无有效期。必须先存款后支取或使用。不具有透支功能。百福卡只供持卡人本人使用,不得出租或转借。目前百福卡银联普卡(卡面红色)暂不收取除跨行、跨省交易外的费用。办理程序:①客户持本人有效身份证件到江西省农村信用社各营业网点开立个人银行结算账户,填写《申请表》即可领取带有银联标识的百福卡,不需提供担保。②如是申请单位卡,申请单位必须在当地金融机构开立基本存款账户,申请时应出示单位基本存款账户开户核准证、单位代码证书和持卡人的有效身份证件,其持卡人由申领单位法定代表人或授权人书面指定。

16. 农民群众到银行贷款的种类有哪些?

当前对农民群众发放的贷款主要有个人质押贷款、定期存单小额质押贷款、农户小额信用贷款、文明信用农户贷款、农民住房贷款、青年创业贷款、联保贷款等。

17. 什么是个人质押贷款? 如何办理?

个人质押贷款是指借款人以权利凭证作质押,从农业银行取得一定金额的人民币贷款,并按期归还贷款本息的个人贷款业务。权利凭证包括整存整取、存本取息、大额可转让存单(记名)等人民币定期储蓄存单、外币定期储蓄存单、凭证式国债、保险单以及依法可质押的其他种类的权利凭证。办理程序：①贷款申请：借款人申请贷款时,填写《中国农业银行个人质押贷款申请审批表》,借款人和出质人须同时到场。②贷款调查：经营行对借款申请人的资格、权利质物的真实性、合法性进行调查。③贷款审批和发放：若银行同意贷款,通知贷款调查责任人办理有价权利凭证止付手续,由银行、借款人和出质人共同签订《中国农业银行个人质押借款合同》,由银行打印《借款凭证》,发放贷款。④贷款归还：借款人按质押借款合同约定还清贷款本息后,凭《质押凭证清单》取回有价权利凭证。

18. 什么是定期存单小额质押贷款？如何办理？

定期存单小额质押贷款是指邮政储蓄机构向借款人发放的以未到期整存整取定期人民币储蓄存单为质押担保,且到期一次性收回本息的贷款业务。办理程序：柜台申请→填写申请表→提交质押存单→等待审批→发放贷款。

19. 什么是农户小额信用贷款？如何申请和办理？

农户小额信用贷款是指农村信用社基于农户的信誉和资产等情况,在核定额度内向农户发放的不需担保的贷款。其服务对象为户籍在农村信用社服务辖区内,主要从事种植、养殖或其他与农村经济发展有关的生产经营活动的农户、个体经营户、私营企业主等均可申请。业务特点是：贷款额度最高 10 万元；贷款期限不超过 3 年；贷款利率不超过同期人民银行基准利率的1.2 倍；采取"一次核定,余额控制,周转使用,随到随贷"的授信管理方式。办理程序:农户申请→农村信用社调查→评定资信等级→核定授信额度→颁发贷款证→凭证贷款→贷后管理。

20. 什么是文明信用农户贷款? 如何申请和办理?

文明信用农户贷款是以农户为主体,以农户道德评定为依据,以个人信誉为保证,在核定的授信额度内不需要担保的贷款。其服务对象为在创评"文明信用农户"活动中,被授予"文明信用农户"称号的农户均可申请。业务特点是:一级文明信用农户贷款额度最高 10 万元,二级文明信用农户贷款额度最高 7 万元,三级文明信用农户贷款额度最高 4 万元;贷款期限最长不超过 3 年;贷款利率不超过同期人民银行基准利率的 1.2 倍。办理程序:文明信用农户申请→农村信用社调查、审查、审批→贷款发放→贷后管理。

21. 什么是农户住房贷款? 如何申请和办理?

农民住房贷款是指向辖内具有农业户口的社区居民发放的用于购(建)符合土地利用总体规划和村庄、集镇规划的农民普通住房,包括规划区内的商品房、农民公寓、普通农宅的贷款。其服务对象为户籍在农村信用社服务辖区内,购(建)住房符合地方政府总体规划且购(建)房款自筹资金比例在 50% 以上,具有农业户口的社区居民均可申请。业务特点是:贷款额度根据当地经济状况确定,单户最高贷款额度一般不超过 8 万元;贷款期限一般为 1—3 年,最长不超过 5 年;贷款利率上浮幅度一般不超过基准利率的 20% ,对规划区内采取团购(建)方式、团购(建)户数达到 15 户以上的,且采取联保或信用共同体方式的农民住房贷款,其执行利率可享受中国人民银行规定贷款基准利率下浮 10% 的优惠。办理程序:客户申请→农村信用社调查→联社审查、审批→签订借款合同(如为抵质押方式,办理抵质押手续)→发放贷款→贷后管理。

22. 什么是青年创业贷款? 如何申请和办理?

青年创业贷款,是指对农村信用社为引导和鼓励有志创业的农村青年自主创业,根据农业发展情况和农村经济特点,通过创新担保方式,降低贷款门槛,提升信贷服务等方式,对农村青年特别是返乡创业青年发放的,满足其创业资金需要的贷款。其服务对象为在农村信用社服务辖区范围内有固定住所或经营机构,年龄在 40 周岁(含)以下,具有完全民事行为能力,具有所拟创业项目两年以上工作经验或具有其他行业四年以上工作经验,自有资金占项目总投资的 60% 以上的农村青年均可申请。业务特点是:贷款额度依据申请人的项目需求、风险状况、偿还能力和担保方式等方式确定;贷款期限一般设定在 3 年以内,最长不超过 5 年;贷款利率根据贷款风险和借款人信用等级情况,可在农村信用社执行利率基础上给予适当优惠;在授信额度内采取"一次授信、随用随贷、循环使用"的管理方式。办理程序:客户向所在地团市委青农部申请,填写《青年创业信用证(卡)申请表》→团县(市、区)委审核、汇总申请表后根据县级农信社工作安排周期性推荐→农村信用社调查→联社审查、审批→签订借款合同(如为抵质押方式,办理抵质押手续)→发放贷款→贷后管理。

23. 什么是联保贷款？如何申请和办理？

联保贷款是指个体经营户、农户、企业在自愿基础上组成联保小组并签订协议，由农村信用社向联保小组成员发放的，并由联保小组成员相互承担连带保证责任的贷款。其服务对象为登记注册地在农村信用社服务辖区内的经工商管理部门批准的企业法人、户籍所在地在农村信用社营业区域内的具有完全民事行为能力的自然人（农户），自愿组成联保小组的均可申请，联保小组成员不少于 5 个成员单位（个人）。业务特点是：联保组全体成员总的最高贷款额不得超过设立风险基金总额的 3 倍；贷款期限根据借款人生产经营活动的周期确定，贷款期限（含展期）一般不超过三年；贷款利率在适当优惠的前提下，根据贷款风险和借款人信用等级情况，按照风险定价原则确定贷款利率；实行"单户申请，多户联保，周转使用，责任连带，按期存款，到期还款"的管理办法。办理程序：联保小组成员申请→申请人提供贷款申请资料→联保小组成员签订联保协议→缴存联保基金→农村信用社对联保小组成员评定信用等级、额度→联保小组成员贷款申请→贷款审查、审批→贷款发放→贷后管理。

24. 什么是非法集资？

非法集资是指单位或者个人未依照法定程序经有关部门批准，以发行股票、债券、彩票、投资基金证券或其他债权凭证的方式向社会公众筹集资金，并承诺在一定期限内以货币、实物及其他方式向出资人还本付息或给予回报的行为。

25. 非法集资有哪些特点?

(1)未经有关部门依法批准,包括没有批准权限的部门批准的集资以及有审批权限的部门超越权限批准的集资。

(2)承诺在一定期限内给出资人还本付息。还本付息的形式除以货币形式为主外,还包括以实物形式或其他形式。

(3)向社会不特定对象即社会公众筹集资金。

(4)以合法形式掩盖其非法集资的性质。

26. 非法集资的主要类型及表现形式有哪些?

从目前各地案发情况看,非法集资活动涉及内容广,表现形式多样。主要类型包括债权、股权、商品营销、生产经营等四大类。表现形式为:(1)借种植、养殖、项目开发、庄园开发、生态环保投资等名义非法集资。(2)以发行或变相发行股票、债券、彩票、投资基金等权利凭证或者以期货交易、典当为名进行非法集资。(3)通过认领股份、入股分红进行非法集资。(4)通过会员卡、会员证、席位证、优惠卡、消费卡等方式进行非法集资。(5)以商品销售与返租、回购与转让、发展会员、商家加盟与"快速积分法"等方式进行非法集资。(6)利用民间"会"、"社"等组织或者地下钱庄进行非法集资。(7)利用现代电子网络技术构造的"虚拟"产品,如"电子商铺"、"电子百货"投资委托经营、到期回购等方式进行非法集资。(8)对物业、地产等资产进行等份分割,通过出售其份额的处置权进行非法集资。(9)以签订商品经销合同等形式进行非法集资。(10)利用传销或秘密串联的形式非法集资。(11)利用互联网设立投资基金的形式进行非法集资。(12)利用"电子黄金投资"形式进行非法集资。

27. 农民群众如何识别和防范非法集资活动?

(1)认清非法集资的本质和危害,提高识别能力,自觉抵制各种诱惑。坚信"天上不会掉馅饼",对"高额回报"、"快速致富"的投资项目进行冷静分析,避免上当受骗。

(2)正确识别非法集资活动。主要看主体资格是否合法,以及其从事的集资活动是否获得相关的批准;是否是向社会不特定对象募集资金;是否承诺回报,非法集资行为一般具有许诺一定比例集资回报的特点;是否以合法形式掩盖其非法集资的性质。

(3)增强理性投资意识。高收益往往伴随着高风险,不规范的经济活动更是蕴藏着巨大风险。因此,一定要增强理性投资意识,依法保护自身权益。

(4)增强参与非法集资风险自担意识。非法集资是违法行为,参与者投入非法集资的资金及相关利益不受法律保护。因此,当一些单位或个人以高额投资回报兜售高息存款、股票、债券、基金和开发项目时,一定要认真识别,谨慎投资。

四
政策性农业保险

28. 什么是农业保险和政策性农业保险？

农业保险是农业生产者支付保险费，保险公司对农业生产经营过程中因遭受自然灾害或意外事故造成的经济损失提供保障的一种保险。农业保险按农业种类可分为种植业保险和养殖业保险。种植业保险包括水稻保险、小麦保险、棉花保险、玉米保险、蔬菜保险、水果保险、油料作物保险、林木保险等，养殖业保险包括生猪保险、养鸡保险、养鸭保险、牲畜保险、奶牛保险、耕牛保险、山羊保险、淡水养殖保险等。

政策性农业保险是相对商业性农业保险而言的，它是由政府主导、组织和推动，由财政给予保费补贴，以支农、惠农和保障"三农"为目的的一种农业保险。政策性农业保险，能使农民受灾后迅速恢复生产，是政府为农民朋友办的又一件实事。

29. 政策性农业保险试点涵盖哪些品种？

2009 年 3 月，江西省出台了《政策性农业保险总体方案》，遵循政府引导、市场运作、自主自愿、分步实施、协同推进的原则，开展政策性农业保险试点工作。根据《总体方案》，现阶段江西省政策性农业保险试点险种包括水稻、棉花、油料作物（油菜、花生）、柑橘、林木、能繁母猪、奶牛、育肥猪 8 个品种。纳入试点范围的保险品种，将由中央财政和省、市、县财政给予 30% ~ 80% 的保费补贴。

30. 农业保险品种的保险金额、保险费率和保费补贴分别是多少?

保险金额:能繁母猪每头1000元,奶牛每头2000元或5000元(根据不同月龄)供农户选择,林木根据树龄不同每亩200~600元由农户自行选择;水稻每亩200元,棉花每亩200元,油菜每亩150元,花生每亩300元;柑橘每亩平均2000元,育肥猪每头500元。

保险费率:能繁母猪6%、奶牛6%、林木4‰;水稻6%、棉花6%、油料作物5%;柑橘2%,育肥猪4%。保险金额和费率根据经济社会发展水平、地方财力、农业生产力水平变化等因素定期调整。

保费补贴:①能繁母猪保险:中央财政补贴为每头30元,省财政补贴为每头12元,县财政补贴为每头6元,其余保费由投保人承担。②奶牛保险:中央财政补贴30%,省财政补贴30%,其余保费由投保人承担。③林木火灾保险:公益林由中央、省、县财政补贴80%;在中央财政未明确补贴政策之前,保费补贴比例按省财政、县财政、投保人30%、10%、60%的比例负担。商品林由中央、省、县财政补贴50%,在中央财政未明确补贴政策之前,保费补贴比例按省财政、县财政、投保人20%、10%、70%的比例承担。④水稻、棉花、油料作物保险:中央财政补贴35%,省财政补贴25%,县财政补贴5%,其余保费由投保人承担。若中央财政提高补贴比例,相应减少投保人承担比例。⑤柑橘保险:省财政补贴10%,市财政补贴10%,县财政补贴20%,其余保费由投保人承担。⑥育肥猪保险:省财政补20%,县财政补贴10%,其余保费由投保人承担。有条件的县(区)可视财力情况适当提高保费补贴比例或根据地方农业特色选择其他品种作为本地财政扶持的农业保险试点项目。

31. 政策性农业保险的保险责任有哪些？

江西省政策性农业保险责任范围的确定本着简便易行的原则，以保大灾为主。保险责任基本覆盖了江西省发生较为频繁和易造成较大损失的灾害风险。种植业以旱灾、洪水（政府行蓄洪除外）、内涝、风灾、雹灾、冻灾为主要保险责任。养殖业以疾病死亡、意外事故死亡为主要保险责任。林业以火灾为主要保险责任。

32. 政策性农业保险试点地区有哪些？

根据总体方案，能繁母猪、奶牛、林木、棉花、油料作物保险在江西全省范围内开办。水稻保险在南昌县、新建县、浮梁县、樟树市、奉新县、宜丰县、上高县、万载县、吉安县、新干县、峡江县、青原区、余干县、鄱阳县、万年县、弋阳县、玉山县、南城县、崇仁县、东乡县、南丰县、芦溪县、贵溪市、余江县、武宁县、都昌县、修水县、渝水区、兴国县、宁都县、湘东区等 31 个粮食产量高产示范县试点。柑橘保险在寻乌县、南丰县试点。育肥猪保险在上高县、吉安县试点。对暂未列入试点范围的市县，如有积极性开展试点，并愿意承担保费补贴配套资金的，经书面上报省政府批准后，可补列入试点范围。

33. 怎样办理政策性农业保险？如何理赔？

所有符合政策性农业保险参保条件的农（林）户、种养大户、农（林）业企业、农（林）业合作经济组织、规模农（林）场、农（林）业园区等，均可投保政策性农业保险。需要投保政策性农业保险的个人、集体、企业或组织，可到当地保险公司咨询和投保。农户在投保时，要详细阅读投保单的内容和条款，尤其是要注意保险责任、责任免除和被保险人义务等内容，并保管好保险凭证和发票，作为保险理赔的依据。

在保险合同有效期内，被保险人发生保险责任范围内的保险事故后，应及时向保险公司报案并提交索赔单证，并积极协助保险公司进行现场查勘、定损。保险公司将根据保险合同的约定，尽快向被保险人支付保险赔款。

34. 为什么要开办政策性林木火灾保险？

江西省森林资源丰富，森林覆盖率高。林改后，林农经营林业的积极性显著提高，进入林区活动大大增加，受天气变化和人类活动等影响，极易发生森林火灾，给林农财产带来了严重威胁。

为巩固林权改革成果，保护林农财产，江西省委、省政府决定率先在全国推行政策性林木火灾保险，并由财政出资补贴保费。这种保险有以下好处：一是可以帮助老百姓化解林业经营中面临的灾害和风险，保障林农的收入稳定。例如：在政府的财政补贴下，林农只需花上 0.96 元就可以获得为一亩公益林提供 400 元的保险保障；只需花上 1.12 元就可以获得为一亩商品林提供 400 元的保险保障，一旦投保的林地在保险责任内发生火灾,林农可以及时获得灾后赔款,使林农不会造成大的损失。二是可以解除银行的后顾之忧,一旦林农经营的林子买了保险,银行就可以放心发放贷款,从而帮助林农解决了贷款难的问题。

35. 林农怎样投保政策性林木火灾保险? 如何理赔?

当前,江西省由中国人民财产保险股份有限公司江西省分公司独家承办政策性林木火灾保险工作。保险公司开展政策性林木火灾保险一般依托有关林业部门、林业产业化龙头企业、林业合作社组织林农统一参保。林农也可以到中国人民财产保险股份有限公司江西省分公司各营业网点进行投保,或是拨打95518 热线服务电话进行咨询。林农在参保时需如实提供被保险人的身份证明、林权证、林地位置、林地种植品种、大致树龄等相关资料和情况。

此外,林农在投保林木火灾保险时,应注意以下问题:(1)详细阅读保险条款和重要明示。(2)仔细听取保险公司所作的说明。(3)认真填写投保单。您的姓名、住址、身份证号、投保种类、种植面积、树龄等项目一定要填写清楚。(4)在缴纳完保费后,您将会拿到加贴保险条款的保险单和发票。如果是统保的农户,将拿到一份属于自己的保险凭证。

投保的林地出险后,可以拨打保险公司的95518 热线服务电话通知保险公司,保险公司将在第一时间派人进行现场查勘并在理算完损失之后,及时支付赔款。

五

农业问题

36. 什么是粮食最低收购价政策？

粮食最低收购价政策是一项为保护农民利益、保障粮食市场供应实施的粮食价格调控政策。一般情况下，粮食收购价格由市场供求决定，国家在充分发挥市场机制作用的基础上实行宏观调控，必要时由国务院决定对重点粮食品种，在粮食主产区实行最低收购价格。当市场粮价低于国家确定的最低收购价时，国家委托符合一定资质条件的粮食企业，按国家确定的最低收购价收购农民的粮食。

37. 什么情况下启动粮食最低收购价执行预案？

为执行好粮食最低收购价政策，国家有关部门制订粮食最低收购价执行预案，当市场价格低于国家规定的粮食最低收购价时，国家有关部门宣布启动粮食最低收购价执行预案。

38. 粮食最低收购价的适用时间是什么时候？

2009 年，早稻最低收购价适用时间为 7 月 16 日至 9 月 30 日。中晚稻最低收购价适用时间为 10 月 20 日至 12 月 31 日。在此期间，当市场价格低于最低收购价格时，按照规定的最低收购价格，各委托收储库点公开挂牌收购农民交售的粮食。

39. 粮食最低收购价政策的最新价格标准是什么？

根据国务院最新出台的政策，2009 年生产的国标三等早籼稻、中晚籼稻、粳稻最低收购价分别为每 50 公斤 90 元、92 元、95 元;白小麦、红小麦、混合麦每 50 公斤最低收购价分别为 87 元、83 元、83 元。

40. 粮食最低收购价收购对稻谷有什么样的质量要求?

执行最低收购价的稻谷为当年生产的等内品,以国标三等为标准品,不收陈粮,不收等外粮。具体质量标准为:国标三等质量标准的早、中、晚稻,具体标准为:杂质 1% 以内,水分 13.5% 以内,出糙率 75% ~77%(含 75%,不含 77%),整精米率不低于 44%。非标准品粮食的具体收购价格水平,都要根据等级、水分、杂质等情况,按照《国家计委、国家粮食局、国家质检总局关于发布〈关于执行粮油质量标准有关问题的规定〉的通知》(国粮发〔2001〕146 号)有关规定确定,以质论价。低于此质量标准的,按水分每超 0.5%,扣价 0.3%、扣量 0.75%;杂质每超 0.5%,扣价 0.75%、扣量 0.75%。相邻等级之间等级差价按每市斤 0.02 元掌握。

41. 粮食最低收购价采取什么方式收购?

最低收购价收购由国家批准对外公布的委托收储库点及收购库点挂牌收购农民交售的粮食。售粮农民要享受最低收购价,必须将粮食直接卖给承担最低收购价收购任务的收购库点,通过其他渠道销售的,不能保证享受最低收购价。

42. 农民售粮如何结算粮款?

各收购库点张榜公布价格、公开挂牌收购农民的粮食,不压级、不压价、不打"白条",现场结算粮款。

43. 农民交售粮食如何才能卖个好价钱?

粮食收获后,不要急于装袋交售,要先经过整晒、清杂,使粮食水分和杂质达到国标等内要求,提高质量等级,才能卖上较好的价钱,增加种粮收入。

44. 适合发展的经济作物有哪些?

江西省地处长江中下游南岸,北回归线附近,全省气候温暖,雨量充沛,属亚热带湿润气候,全省年均气温 16℃ ~ 20℃,年均日照时数 1473.3 ~ 2077.5 小时,年均降水量 1341 ~ 1940 毫米,平均无霜期长达 246 ~ 284 天。境内除北部较为平坦外,东西南部三面环山,中部丘陵起伏。为此,江西发展经济作物不但具有温度、水、大气、光照等自然生态优势,而且适宜发展果业、茶叶、蔬菜、中药材和花卉等高效经济作物的山地资源十分丰富,不存在与粮食生产争地的粮经矛盾。适宜江西省发展的经济作物大致可分为:果树、蔬菜、食用菌、茶叶、棉花、花卉、蚕桑、中药材和苎麻共九大类。具体的不同地域适宜种植的不同经济作物品种包括:

（1）果树

适宜区域	适宜品种
赣南地区	以发展脐橙、甜柚为主的栽培区域。同时适量发展兴国3-5甜橙、冰糖橙、哈姆林等甜橙,适量发展地方特色水果如寻乌早熟温州蜜柑、全南椪柑、于都盒柿等。在积温较高的于都、信丰、寻乌三县,适量发展晚熟脐橙和夏橙。
赣东北、赣西北、赣北地区	以发展早熟梨为主的栽培区域。同时适量发展温州蜜橘早熟品种和特早熟品种。少量发展地方特色品种,如靖安油光板栗。
赣东地区	以发展引进或本地鲜食大枣为主,兼发展南方早熟梨。
赣西地区	以发展猕猴桃为主,同时适量发展南方早熟梨、太田椪柑、特早温柑。
赣中地区	以发展南丰蜜橘、椪柑为主的栽培区域。同时适量发展地方特色水果如新余蜜橘、新干特早蜜柚、HB柚、马家柚、少核红桔、遂川金柑等。
浙赣铁路沿线地区	以发展柑桔、早熟梨为主的栽培区域。适量发展地方特色品种,如高安万柿、新余蜜橘、信丰红心柚等。在新余、上饶、广丰、玉山等县、市,宜少量发展HB柚、马家柚等。

（2）蔬菜

适宜区域	适宜品种
赣东北地区	发展精细蔬菜和"春提前"蔬菜,如乐平市凉薯、莴笋、甘蓝、芽白、大蒜、菠菜、辣椒、茄子、韭菜等蔬菜基地,销往浙江、上海及周边市场。
赣南地区	发展夏秋蔬菜,如寻乌水咸菜、信丰萝卜、龙南荷兰豆、三南的毛瓜、广东菜心等叶菜类和反季节香菇等,供应广州、深圳、福州、厦门等沿海地区。
赣北地区	发展"秋延后"蔬菜和高山蔬菜,如瑞昌市的横立山辣椒、湖口县的黄花菜等。供应江西以北的上海、南京、合肥、武汉等长江流域城市。

适宜区域	适宜品种
赣西地区	主要发展特色蔬菜,如万载县的百合、生姜,新余市魔芋、香椿,上栗县的白皮黄瓜,芦溪县的荸荠,安源区的肉丝瓜,上高县的西葫芦,安义县的叶菜类等销往广东、湖南、香港等地。
赣中地区	发展地方特色蔬菜,如永丰的辣椒、香菇、黄瓜、魔芋、吉水螺田大蒜、生姜,永丰的早辣椒,吉安大叶空心菜、韭菜花,乐安茄子,泰和的竹篙薯,兴国县的生姜等,供应福建、广东市场。

（3）食用菌

适宜区域	适宜品种
赣北地区	香菇、木耳、鸡腿菇等
赣东地区	茶树菇、香菇、巴西蘑菇、大球盖菇等
赣南地区	杏鲍菇、草菇、金针菇、双孢蘑菇、香菇
赣西地区	香菇、木耳、灵芝等

（4）茶叶

适宜区域	适宜品种
适宜区域	适宜品种
赣东北茶区	上梅州种、大面白、龙井 43
赣西北茶区	宁州种、白毫早 、白茶
赣南茶区	赣茶 4 号、白毫早、迎霜
赣中茶区	白毫早、平阳特早、白茶

（5）棉花

适宜区域	主推品种
彭泽、九江、都昌、永修、湖口、德安、星子、瑞昌、波阳等赣北棉区县	赣棉杂 1 号、鄂杂棉 10 号和中 CJ7 – 9
渝水区、高安市、丰城市、临川区、进贤县等赣中棉区及部分丘陵棉区县	

（6）花卉

适宜区域	特色品种
全省大部分地区可以露地栽培	金边瑞香、富贵籽、虎舌红
要求土壤 pH 值在 5～6.5 之间区域	山茶花
全省大部分地区	杜鹃花
全省大部分地区	荷花（莲花）
井冈山、庐山、崇义等全省山区	兰花
保护地栽培	非洲菊

（7）蚕桑

适宜区域	特色品种
赣西北的修水、宜丰等县	菁松×皓月和薪杭×白云
赣南的龙南、全南、宁都和崇义等县	
赣中部的东乡、乐安、高安、丰城、永新、遂川等县、市	

（8）中药材

适合江西省大部分地区发展的特色中药材品种主要有：车前子、枳壳、黄栀子、夏天无、菊三七、泽泻、杜仲、吴茱萸和百合等。

（9）苎麻

适宜区域	特色品种
赣北的瑞昌、武宁、都昌等县、市	赣苎三号、中苎三号
赣中的袁州、上高、万载、宜丰、崇仁、永丰和分宜等县	赣苎三号、中苎三号
赣东的信州区等地	赣苎三号、中苎三号

45. 种植高效经济作物的主要栽培模式有哪些?

作为一个以山地为主的内陆省份,在江西发展现代农业,实现农民持续增收,必须充分利用有限的土地资源,挖掘土地增效潜力,提高土地单位面积收益。近年来,通过全省实施"一亩园一万元"高效示范创建活动,各地涌现出了一大批土地利用率高、经济效益好的经济作物高效种植典型。从这些典型所反映的情况看,江西省种植经济作物在种植业中,可比经济效益十分明显。主要栽培模式有:

(1)有机茶高产栽培和加工模式。盛产茶园每亩年产高档名茶 20 公斤左右,按照每公斤高档名茶 500 元计算,每亩产值高达万元。

(2)无公害大棚蔬菜高产优质栽培模式。采用特早春提前栽培,越冬秋延迟上市,选择番茄、芹菜等反季节售价较高的品种,亩产量在 4 吨~6 吨,亩均产值可在万元以上。

(3)一茬多熟西瓜栽培模式。通过大棚保温设施,使西瓜供应期从 4 月延续到 11 月,每年采收 5~6 次,亩产达到 5 吨,产值达到一万多元。

(4)优质高产水果种植模式。通过实行猪—沼—果、以螨治螨、配方施肥和节水灌溉等综合技术,实现无公害、绿色果品。进入盛果期后,亩产可实现脐橙 3 吨,新余蜜橘 4 吨,金橘 2 吨,南丰蜜橘 2 吨,椪柑 6 吨,葡萄 2.5 吨,甜柚 4 吨,猕猴桃 1.5 吨,早熟梨 2 吨。亩产值约在 5000~10000 元之间,规模种植和发展,效益十分客观。

(5)花卉苗木种植模式。民间素有"三亩田一亩菜,三亩菜一亩花"之称。江西省部分地区盆栽金边瑞香,设施栽培非洲菊、盆景和绿化苗木发展十分迅速,花农取得了较好的经济收益,据统计,2008年全国花卉苗木亩均产值5700元,江西省也接近5000元,是种植业中亩均效益最高的产业。

(6)工厂化食用菌生态循环模式。利用稻草、棉籽壳、麦皮、农作物秸秆等原料,发展杏鲍菇、茶树菇、双孢蘑菇,实现食用菌的工厂化栽培生产,亩均产食用菌3吨左右,以每公斤5元批发价计算,亩产值1.5万元。

除以上较典型的种植模式外,在江西省部分地区种植名、特、优、稀品种的经济作物也能获得较好产量和收益,如:山药亩产1.5吨左右,芦笋亩产1.8吨左右,百合亩产1吨左右,浅池藕亩产3吨左右,草莓亩产2.5吨左右,如市场价格不出现大的跌幅,亩产值大部分在万元以上。

46. 扶持生猪生产有哪些政策?

(1)发放能繁母猪饲养补贴。按照"政策公开、操作公正、直补到户"的原则,将补贴资金直接发放给能繁母猪的饲养者,每头100元。

(2)能繁母猪可以参加保险。保费由政府补贴80%,养殖户(场)负担20%。参保能繁母猪发生死亡时,可以向投保的保险公司索赔。

(3)在生猪主产区推广良种猪人工授精技术,对购买良种猪精液给予补助。

(4)对生猪调出大县(农场)给予适当奖励。

(5)扶持生猪标准化规模饲养,对标准化规模饲养场(小区)的粪污处理和沼气池等基础设施建设给予适当支持。

(6)给予养殖户用水用电用地方面的优惠。用地按农业用地来管理,不收取任何费用;用水用电按农业生产用水用电。

(7)免费提供猪口蹄疫、高致病性猪蓝耳病、猪瘟等强制免疫所需疫苗。

47. 为什么不能在饲料中添加"瘦肉精"等添加剂?

"瘦肉精"学名盐酸克仑特罗,是一种激素,国家严令禁止在饲料中添加。一旦饲用,会大量蓄积在动物机体中。人若食用了含有"瘦肉精"残留的肉食品,会产生血压升高、血管扩张、体温上升、心脏和肾脏负担加重、神经紧张不安、全身震颤等症状,还可能诱发和加重心血管、脑血管系统病人的病情,给人的精神、健康及正常生活工作造成严重危害。

48. 怎样开展畜牧规模化标准化健康养殖?

推行畜牧业规模化、标准化健康养殖,要以"资源节约、质量安全、环境友好"为基本目标,以畜禽养殖粪污无害化处理为重点内容,合理规划栏舍布局,配备完善的设施设备,制定严格的管理制度,采取适合的粪污无害化处理模式,推进畜牧业生产方式转变。

(1)合理选址和布局。养殖场(小区)选址要位于法律法规明确规定的禁养区以外,通风良好,给排水相对方便;距离主要交通干线和居民区要满足防疫要求,有供电稳定的电源;在总体布局上要做到生产区与生活区分开,净道污道分开,正常畜禽与患病畜禽分开,种畜禽与商品畜禽分开。

(2)完善设施设备。圈舍朝向、规格合乎标准化要求,饲养密度合理;栏舍配有食槽、自动饮水装置、通风系统、降温和采暖设施设备;场区门口有车辆消毒池、人员消毒室和高压喷枪等消毒设施,备有兽医室、常规防疫检测设备;配有污水排放、粪便堆放及无害化处理设施。

(3)严格防疫,规范管理。要建立生产管理制度、防疫消毒制度、档案管理制度和科学合理的饲养管理操作规程;建立规范的档案和生产记录,内容包括畜禽的品种、来源和数量、繁殖情况、生产性能、饲料来源及消耗情况、淘汰情况、发病用药情况、疫苗免疫种类及免疫时间、死亡率及死亡原因、无害化处理情况、销售记录等,记录资料应保存2年以上;小区内部应尽量推行自繁自养、单栋全进全出的生产模式,其品种应大小一致,外购种畜禽应从有《种畜禽经营许可证》的种畜禽场进;畜禽销售出场时要有动检部门出具的检疫证明,病死畜禽要求使用锅炉焚烧或深埋处理;养殖场从业人员无人畜共患传染病。

(4)实行粪污无害化处理。养殖场污水和粪便应进行集中处理,其处理能力、有机负荷和处理效率应根据建场规模计算和设计,处理后应符合《畜禽养殖业污染物排放标准》规定。粪污无害化处理工艺应根据养殖规模、清粪方式和当地自然地理条件,选择达标排放技术模式或综合利用技术模式。宜采用沼气工程对粪污进行无害化处理,经济发达、土地紧张、没有足够的农田消纳粪污的地区宜采用达标排放技术模式;具备可利用污水的地区宜采用综合利用技术模式。

49. 什么是水产生态健康养殖模式?

水产生态健康养殖模式指通过采用投放无疫病苗种、投喂全价饲料、人为控制养殖环境条件,根据不同养殖生物间的共生互补原理,利用自然界物质循环系统,在一定的养殖空间和区域内,使养殖生物保持最适宜生长和发育的状态,实现减少养殖病害发生、保持生态平衡,提高养殖效益的一种养殖方式。

50. 扶持农业产业化经营有哪些政策措施?

(1)财税政策:财政支持龙头企业带动农户建设生产基地;暂免征收重点龙头企业初级农产品加工的所得税;减轻农业产业化龙头企业的增值税负担。

(2)投资政策:对部分进口农产品加工设备免征进口关税和进口环节增值税;鼓励多种投资模式的农业产业化经营;鼓励重点龙头企业多渠道筹集资金;建立支持农业产业化经营发展的投资资金。

(3)金融政策:国有商业银行要把扶持农业产业化经营作为信贷支农的重点,在资金安排上给予倾斜;加大对农产品出口的金融支持力度。

(4)科技政策:企业研究开发新产品是新技术是新工艺所发生的各项费用政策;龙头企业技术开发费用在所得税前扣除的政策;企业为开发新技术是研制新产品所购置的试制用关键设备是测试仪器费用管理政策;关于购买国产设备抵免企业所得税的政策;允许龙头企业申请使用国家有关农业科技的研发是引进和推广等资金;鼓励龙头企业建立农业科技研发中心,发展农业科技创新风险投资。

(5)贸易政策:鼓励产业化组织发挥比较优势参与国际竞争,提高产品竞争能力;简化行政审批手续,放宽审批条件,支持重点龙头企业扩大出口;出口退税。

51. 国家法律法规对农业生产者进行农产品生产有何基本要求？

（1）农产品生产者应当按照法律的规定，合理使用农业投入品，严格执行农业投入品使用安全间隔期或者休药期的规定，防止危及农产品质量安全。禁止在农产品生产过程中使用国家明令禁止使用的农业投入品。

（2）农产品生产企业和农民专业合作经济组织应当建立农产品生产记录。农产品生产记录应当保存两年。禁止伪造农产品生产记录。

（3）农产品生产企业和农民专业合作经济组织应当自行或者委托检测机构对农产品质量安全状况进行检测；经检测不符合农产品质量安全标准的农产品，不得销售。

（4）农民专业合作经济组织和农产品行业协会对其成员应当及时提供生产技术服务，建立农产品质量安全管理制度，健全农产品质量安全控制体系，加强自律管理。

52. 国家规定在农产品生产过程中不得使用哪些药物？

（1）在所有种植业产品生产过程中，禁止使用六六六、滴滴涕、毒杀芬、杀虫脒、氯化苦、除草醚。

在蔬菜、水果、西甜瓜、食用菌、茶叶、中草药材生产过程中，除禁止使用上述的农药外，还禁止使用甲胺磷、对硫磷（1605）、甲基对硫磷（甲基1605）、特丁硫磷、水胺硫磷、久效磷、甲拌磷（3911）、甲基硫环磷、甲基异柳磷、硫环磷、内吸磷（1059）、杀扑磷、地虫硫磷、治螟磷、蝇毒磷、磷胺、赛丹、乐胺磷、速杀畏、磷胺氰戊菊、丙线磷、五氯酚钠、克百威、氧化乐果、涕灭威、灭多威、溴甲烷、磷化铝、多抗霉素、克线丹等高毒高残留农药及含上述成分的混配制剂。此外,在茶叶生产过程中,还禁止使用三氯杀螨醇、氰戊菊酯(包括各种异构体)及其混配制剂;在水稻等水田作物生产过程中,还禁止使用所有拟除虫酯类杀虫剂及其复配产品。

(2)在所有食品动物饲养过程中,禁止使用克伦特罗、沙丁胺醇、西马特罗及其盐、酯及制剂,乙烯雌酚及其盐、酯及制剂,玉米赤霉醇、去甲雄三烯醇酮、醋酸甲孕酮及制剂,氯霉素及其盐、酯(包括琥珀氯霉素)及制剂,氨苯砜及制剂,呋喃唑酮、呋喃它酮、呋喃苯烯酸钠及制剂,硝基酚钠、硝呋烯腙及制剂,安眠酮及制剂,各种汞制剂。此外,在水生食品动物饲养过程中,还禁止使用林丹(丙体六六六)、毒杀芬(氯化烯)、呋喃丹(克百威)、杀虫脒(克死螨)、双甲脒、酒石酸锑钾、锥甲肿胺、孔雀石绿、五氯酚酸钾杀虫。

在所有食品动物饲养过程中,禁止使用甲基睾丸酮、丙酸睾酮、苯丙酸诺龙、苯甲酸雌二醇及其盐、酯及制剂,氯丙嗪、地西泮(安定)及其盐、酯及制剂,甲硝唑、地美硝唑及其盐、酯及制剂促生长。

灭鼠禁止使用氟乙酰胺、毒鼠强杀鼠剂。

53. 什么是无公害农产品？无公害农产品认证程序有哪些？

无公害农产品是指产地环境、生产过程、产品质量符合国家有关标准和规范的要求,经认证合格获得认证证书并允许使用无公害农产品标志的未经加工或初加工的食用农产品。

无公害农产品一体化认证程序

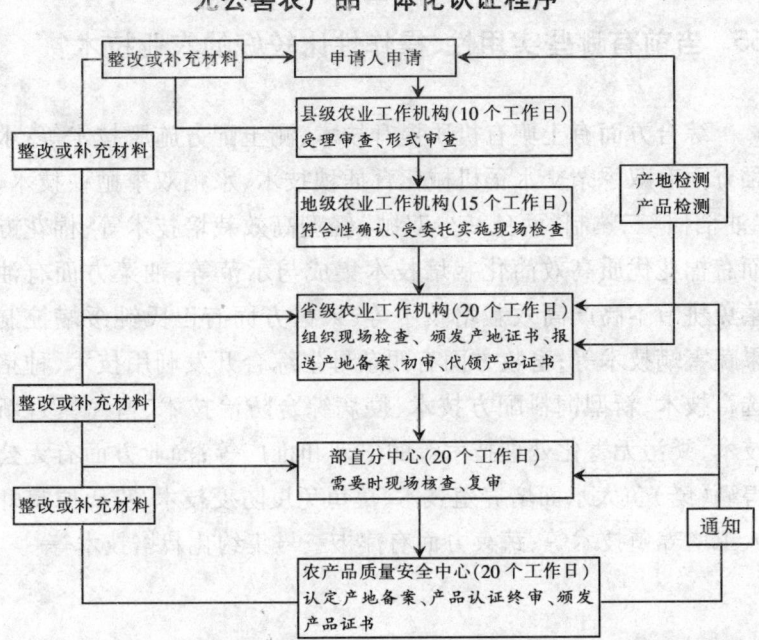

（申请人：企业单位、事业单位、社团组织、个人）

54. 什么样的农产品不得销售？

（1）含有国家禁止使用的农药、兽药或者其他化学物质的；

（2）农药、兽药等化学物质残留或者含有的重金属等有毒有害物质不符合农产品质量安全标准的；

（3）含有的致病性寄生虫、微生物或者生物毒素不符合农产品质量安全标准的；

（4）使用的保鲜剂、防腐剂、添加剂等材料不符合国家有关强制性的技术规范的；

（5）其他不符合农产品质量安全标准的。

55. 当前有哪些实用性、操作性比较好的农业技术？

综合方面有土壤有机质提升技术、测土配方施肥技术等；水稻方面有双季杂交水稻机械化育插秧技术、水稻双季抛秧技术、"油稻稻"三熟制"两免一少双抛"轻型高效栽培技术等；棉花方面有棉花优质高效简化栽培技术集成与示范等；油菜方面有油菜免耕节本高产高效栽培技术等；果树方面有巴氏钝绥螨控制果蔬害螨技术等；畜牧方面有西杂母牛综合开发利用技术、种猪选育技术、新型饲料配方技术、疫病综合防治技术、畜禽繁育新技术、粪污无害化处理技术等的培训和推广等；渔业方面有无公害鳙（鲢）鱼大水面增养殖技术、草鱼免疫防疫技术、克氏原螯虾人工增养殖技术等；蔬菜方面有萍椒三号集约化栽培技术等。

六
农村经营制度

56. 什么是家庭承包经营?

承包经营是在坚持土地等生产资料集体所有的前提下,把土地使用权承包给农户,确立了家庭经营的主体地位,赋予了农民充分的生产经营自主权。

《物权法》和《农村土地承包法》规定,耕地的承包期为三十年。十七届三中全会通过的《中共中央关于推进农村改革发展若干问题的决定》规定:"赋予农民更加充分而有保障的土地承包经营权,现有土地承包关系要保持稳定并长久不变。"

57. 如何稳定农村土地承包关系?

(1)要将土地承包经营权落实到户。发包方应当与承包方签订书面承包合同,县级以上地方人民政府应当向承包方颁发土地承包经营权证,并登记造册,确认土地承包经营权。

(2)要保护土地承包经营权。承包期内,发包方不得收回承包地。承包期内,发包方不得调整承包地。

(3)要依法保护承包者的合法权益。任何组织和个人不得侵害承包方的土地承包权益,否则要承担民事责任。发包方如违反《土地承包法》规定,收回、调整承包地或者以划分"口粮田"和"责任田"等为由收回承包地搞招标承包的,应当承担停止侵害、返还原物、恢复原状、排除妨害、消除危险、赔偿损失等民事责任。

58. 怎样进行土地承包经营权流转?

《农村土地承包法》第十条规定:"国家保护承包方依法、自愿、有偿地进行土地承包经营权流转。"流转双方当事人应当签订书面流转合同。流转的前提是,依法、自愿、有偿。流转的主体是农户而不是干部,流转的机制是市场而不是政府。流转的底线是三个"不得",即不得改变土地集体所有性质,不得改变土地用途,不得损害农民土地承包权益。

十七届三中全会通过的《中共中央关于推进农村改革发展若干问题的决定》规定:"允许农民以转包、出租、互换、转让、股份合作等形式流转土地承包经营权,发展多种形式的适度规模经营。有条件的地方可以发展专业大户、家庭农场、农民专业合作社等规模经营主体。"

59. 发生了土地承包经营权纠纷怎么办?

《农村土地承包法》第五十一条规定:"因土地承包经营发生纠纷的,双方当事人可以通过协商解决,也可以请求村民委员会、乡(镇)人民政府等调解解决。当事人不愿协商、调解或者协商、调解不成的,可以向农村土地承包仲裁机构申请仲裁,也可以直接向人民法院起诉。"

60. 什么是农民专业合作社? 农民专业合作社有哪些特点?

农民专业合作社是在农村家庭承包经营基础上,同类农产品的生产经营者或者是同类农业生产经营服务的提供者、利用者,自愿联合、民主管理的互助性经济组织。

农民专业合作社以其成员为主要服务对象,提供农业生产资料的购买,农产品的销售、加工、运输、贮藏以及与农业生产有关的技术、信息服务。具有下列特点：

（1）农民专业合作社是一种经济组织。

（2）农民专业合作社建立在家庭承包经营基础之上。

（3）农民专业合作社是专业的经济组织。

（4）农民专业合作社是自愿和民主的经济组织。

（5）农民专业合作社是具有互助性质的经济组织。

61. 有哪些扶持农民专业合作社发展的政策措施？

《农民专业合作社法》规定了国家支持农民专业合作社发展的政策措施，主要包括：（1）产业政策倾斜。国家支持发展农业和农村经济的建设项目，可以委托和安排有条件的有关农民专业合作社实施。（2）财政扶持。中央和地方财政分别安排资金，支持农民专业合作社开展信息、培训、农产品质量标准与认证、农业生产基础设施建设、市场营销和技术推广等服务。（3）金融支持。国家政策性金融机构和商业性机构应当采取多种形式，为农民专业合作社提供服务。中国银监会和农业部门联合下文，提出了做好农民专业合作社金融服务工作的具体意见，通过"评级—授信—用信"，对信用等级较高的合作社实行贷款优先、利率优惠、额度放宽、手续简化的正向激励机制。（4）税收优惠。农民专业合作社享受国家现有的支持农业发展的优惠政策，在生产、加工、流通、服务和其他涉农经济活动享受相应的税收优惠。国家税务总局制定了相关优惠政策。

江西省农业厅、省财政厅、省发改委、省国土资源厅、省工商局、省国税局、省地税局、省农村信用联社联合下发了《关于加快农民专业合作社发展的若干意见》，主要扶持政策有：（1）安排专项资金，开展百家示范社建设行动。（2）整合支农资金项目和政策,形成扶持合力。(3)完善注册登记制度,简化手续。(4)实行税收优惠政策,扶持合作社加快发展。(5)优化农村金融环境,加大合作社信贷支持力度。(6)强化农业部门工作职能,为合作社发展增添活力。

62. 如何创办或加入农民专业合作社?

组建农民专业合作社要经过准备阶段和成立阶段,一般讲,要经过以下程序:确定发起人和组织名称→填写发起人登记表→起草发起人倡议书→选定组织办公地点(经营场所)→召开发起人会议→起草专业合作社章程→拟定组织规章制度→经社员讨论修改→召开设立大会→到所在地工商部门登记注册→到技监部门办理机构代码证→到税务部门办理税务登记证→开立银行账户。

具有民事行为能力的公民,以及从事与农民专业合作社业务直接有关的生产经营活动的企业、事业单位或者社会团体,能够利用农民专业合作社提供的服务,承认并遵守农民专业合作社章程,履行章程规定的入社手续的,可以成为农民专业合作社的成员。

七
发展农村沼气

63. 发展农村沼气有哪些好处？

（1）发展沼气能源可以节约农村生活用能。沼气是一种可再生能源，在农村除了可用于做饭、照明外，还能发电、烧锅炉，而且还能用于水果保鲜、储藏粮食等。沼气的原料是人畜粪便和农业废弃物等，取之不尽，用之不竭。一个户用沼气池，年产气量约385立方米，分别可替代秸秆1630千克、薪柴1204千克、煤炭847千克、液化气160千克。折合人民币分别节支326元、361元、381元和885元。

（2）提供优质沼肥，促进农业增收，保护生态环境，促进农业可持续发展。沼液和沼渣中富含作物生长所必需的氮磷钾等元素，且病菌、虫卵大部分被杀死，是优质、高效、无污染的无公害有机肥料。可用作基肥、追肥、叶面肥和浸种，起到改良土壤，节省化肥，提高作物产量、品质和抗病能力的作用，生产出的蔬菜、水果能达到无公害食品、绿色食品、有机食品的标准。从沼肥的经济效益来看。一个8立方米的沼气池，年产沼渣4745千克，沼液21313千克。沼肥中全氮、全磷、全钾平均值分别为6.35%、1.09%、4.64%，按照2005年12月，国内市场含氮、磷、钾三种化肥价格计算，增加的全氮、全磷、全钾的价值分别为72.70元、13.91元和65.93元，共计152.54元。则沼肥净增效益为152.54元。

（3）改变农村传统生活方式，实现农村生活用能高效化、清洁化，带动农民生活的文明进步。发展农村沼气，可以减少砍柴割草之劳，日常炊事也可免受烟熏火燎之苦，降低了劳动强度，还可以保护生态环境，巩固国家退耕还林还草的建设成果。每个沼气池年节约薪柴1204千克，约相当于保护3.3亩林地。同时,人畜粪便、生活污水流入沼气池作为发酵原料,可以改变农村粪便、垃圾任意堆放的状况,解决农村生活环境脏乱差的问题,也使农民从传统生活方式向健康文明卫生的生活方式转变。据中国疾病预防控制中心健康教育所研究统计,运行 3 个月以上的沼气池发酵液中的寄生虫卵阳性率为零,达到了粪便无害化的国家标准。未建沼气户蛔虫病、钩虫病、肠道传染病患病率分别是已建沼气户的 2.9 倍、3.92 倍和 9.86 倍。已建沼气户中未发现蛲虫病患者。未建沼气户庭院蚊蝇孳生环境发生率是已建沼气户的 2.03 倍。

（4）增加饲料来源,改变传统养殖方式,促进养殖增收。人畜粪便经过厌氧发酵所发生的沼液和沼渣是优质的饲料添加剂,含有多种活性、抗性营养物质,可加快动物体内肝糖、肌糖的积存,减少发病率,提高饲料转化率,缩短出栏时间,提升畜禽产品品质,从而增加沼气户的养殖收益。

64. 对发展农村沼气有哪些扶持政策措施？

根据国家有关政策,只有在农村实施农村沼气国债项目的村庄,农户建设沼气池政府才给予补助。江西省从 2009 年开始,补助标准参照西部政策县每建设一户"一池三改"补助 1500 元,其他县为 1200 元,主要补助农户（技工建池工资,沼气设备及相关建材）。要完成"一池三改"沼气建设,农户还需自筹部分资金。江西省政府规定,在不占用农田的情况下,减免土地规费,具体面积由各地根据当地情况自定。

另外,为治理规模化养殖场粪便污染和实现畜禽粪便资源化利用,国家重点支持规模化畜禽养殖场和养殖小区建设大中型沼气工程,条件是:原则上年出栏生猪 3000 头以上、具有较强资金自筹能力的养殖场,而且没有获得过政府同类项目补助。中央补助资金占项目总投资的35%,总量不超过150万元,比照西部政策县的中央补助资金占项目总投资45%,总量不超过200万元;地方配套投资不得低于项目总投资的15%,比照西部政策县的地方配套投资不得低于项目总投资的5%。

八
农业环境保护

65. 什么是农业面源污染?

　　农业面源污染是指在农业生产中,化肥、农药、农膜等农业化学投入品和秸秆、畜禽粪便等农业生产废弃物,经过农田灌溉水和降水,从农田进入周边水体形成的水污染。与工业污染相比,农业面源污染量大面广,难以进行集中控制。目前,农业面源污染主要来源于落后的生产模式,不合理且大量使用农药、化肥、秸秆的乱堆滥施,养殖污水的乱排等。

66. 如何防治农业面源污染?

　　(1)要科学削减生产中化肥、农药和农膜等投入品的不合理使用。即大力推广测土配方施肥、绿色植保、畜禽生态养殖、健康水产养殖、无公害绿色农产品生产等农业技术,发展资源节约型、环境友好型农业。

　　(2)加强秸秆、粪便等农业废弃物的资源化利用和无害化处理。即大力推广农村沼气建设、乡村清洁工程、废弃物无害化处理、有机肥的开发利用、秸秆综合利用等先进技术,减少农业生产中废弃物的产生量。

　　(3)加大农田基础设施建设,开展农业保护性耕作,推广节水农业,减少农田中灌溉水的排放量。

67. 如何开展农业面源污染防治工作?

　　(1)加大政策扶持。对于先进农业技术推广、限制性农业生产措施、无公害绿色农产品生产等,要制定相关扶持政策,鼓励和支持农民改变传统农业生产方式,发展现代农业。

（2）加大资金补偿。在现有农业补贴的基础上,增加发展生态农业、循环农业等的资金补贴,激励农民发展清洁农业生产。

（3）加大技术支撑。引进国内外现有的农业面源污染控制先进技术,利用高校和研究结构开展相关技术研究,为全面开展农业面源污染控制提供技术支撑。

（4）加大宣传力度。通过各种媒体、杂志和基层推广人员,深入田间地头,宣传农业面源污染控制技术,指导农民开展清洁生产,提高农民的农业环保意识。

68. 什么是外来入侵生物?

外来入侵生物是指从自然分布区通过有意或无意的人类活动而被引入或自然扩散进入,在当地的自然或半自然生态系统中形成了自我再生能力,可能或已经对经济、环境和人体健康等造成明显的损害或不利影响的生物。

69. 外来入侵生物有哪些危害?

（1）对经济的影响:一些外来入侵生物入侵农田、森林、牧场,导致农作物,林木、牧草减产,造成巨大的经济损失。

（2）对生态环境的影响:破坏生态系统的功能;改变土壤化学循环;改变水循环;引发自然火灾;破坏物种多样性;破坏遗传多样性。

（3）对人类健康的影响:一些外来入侵物种能直接或间接地危害人类健康,如豚草产生的花粉引发变应性鼻炎和哮喘等疾病。

70. 如何防治外来生物入侵?

(1)建立健全法律法规,依法管理。制定外来入侵物种管理法规,建立外来入侵物种的名录制度、风险评估制度、引进许可证制度,在环境影响评价制度中增加有关外来入侵物种分析的内容。

(2)加强检疫封锁,防止处来物种的入侵和扩散。以《中华人民共和国环境保护法》、《中华人民共和国进出境动植物检疫法》、《植物检疫条例》等法律法规为依据,严格检疫执法。

(3)加强监测普查,建立外来入侵物种监测和报告制度。

(4)加强风险评估,建立早期预警系统。

(5)加强宣传,提高全民防范意识,减少在旅行、贸易、运输等活动中引入外来入侵物种的可能性。

(6)在已经入侵的地区根据当地的环境情况进行合理的化学灭除、机械灭除和生物灭除。

九

农民负担监督管理

71. 当前农民负担监管的内容和工作重点是什么？

当前农民负担监管的内容主要包括五方面：村集体公益事业建设筹资筹劳；涉农行政事业性收费、经营服务性收费；对农民、农民专业合作社、村级集体经济组织的各种集资；农民承担的其他费用和劳务；对农民、村级集体经济组织的补贴补偿和对村级财政性补助资金的发放、使用。

当前农民负担监管工作应以维护农民合法权益为中心，重点监管以下四方面情况：一是明确由政府承担的农村公共基础设施、基本公共服务费用和所需劳务，是否转由农民或村集体承担；二是向农民和农民专业合作社收取的各种行政事业性收费、农业生产性费用和其他费用，有无政策依据，是否超标准、超范围收取；三是向农民筹资筹劳，是否符合一事一议筹资筹劳的适用范围、议事程序和限额标准等规定；四是农民应得到的补贴补助和补偿，是否被截留、抵扣或挪用。

在农民负担监管中，要把减轻农民负担与推进制度建设、事前预防与事后查处相结合，从源头上控制加重农民负担和损害农民权益的行为。

72. 农民负担的具体监管部门及职责是什么？

县级以上人民政府农业行政主管部门负责本行政区域内的农民负担监督管理工作，县级以上人民政府财政、价格、监察、交通、国土资源、教育、审计、信访等其他行政主管部门应当依法做好相关的农民负担监督管理工作。

县级以上人民政府农业行政主管部门在农民负担监督管理

工作中履行下列职责:一是宣传贯彻有关农民负担监督管理的法律、法规、规章和政策;二是对本级人民政府有关部门、单位制定的涉及农民负担的规范性文件进行审核;三是建立和完善农民负担监测网点,组织开展农民负担监测;四是负责组织开展对村级财务、公益性排涝费、征地补偿费用、一事一议筹资筹劳事项所筹资金使用情况的专项审计;五是处理有关农民负担问题的举报和投诉,负责或者会同有关部门调查处理违反农民负担条例的行为。

73. 加强农民负担监管有哪些具体措施?

(1)积极探索,完善一事一议筹资筹劳制度。要根据中央的要求,抓紧完善本地一事一议筹资筹劳管理办法,进一步明确议事范围、议事程序,创新议事形式,强化村民监督。加强组织领导,明确工作责任,切实加强对一事一议筹资筹劳组织实施的指导和监督。采取多种形式,广泛宣传引导,提高基层干部、农民群众参与一事一议筹资筹劳的积极性。积极推进村级公益事业建设一事一议财政奖补试点工作。

(2)加大力度,深入开展农民负担重点治理。针对农民反映的修建通村公路乱集资、向村级组织和农民专业合作社乱摊派等突出问题,深入开展重点治理。一是强化治理重点地区。将农民负担问题较多的县(市)纳入全省重点监控范围,实行综合治理。加强督促检查,对当年未达到治理目标的,继续实施监控,直到农民满意为止。要结合当地实际,选择典型县(市)开展农民负担综合治理。二是拓展治理重点领域。治理向农民专业合作社的乱收费,对向合作社收费情况要进行全面调查,并对发现的问题进行分类处理。属于乱收费的项目坚决取消,过高的收费标准坚决降低,为合作社的正常起步和健康发展创造良好的外部环境。治理向村集体的各种摊派集资,严禁将部门或单位的经费缺口以各种名义向村集体转嫁或集资。三是深入治理重点项目。各地要结合实际,对修建通村公路向农民或村集体摊派集资、公费订阅报刊超限额、农村中小学乱收费、农民建房乱收费和截留、抵扣、挪用强农惠农补贴资金等问题进行专项治理。要明确治理重点、目标和措施,确保治理取得明显效果。

(3)标本兼治,推进农村综合改革。进一步推进农村综合改革,以建立精干高效的基层政权组织为目标,积极推进乡镇机构改革;以健全乡镇财政监管职能、增强基层财力为目标,深入探索县乡财政管理体制改革,从源头上、制度上消除加重农民负担的隐患;推进建立村级组织运转经费保障机制,明确保障责任和范围,防止以各种形式变相增加农民负担;开展减轻农业用水负担综合改革试点,促进减轻农业用水负担。

(4)完善制度法规,健全农民负担监督管理长效机制。加强《江西省农民负担监督管理条例》的宣传和执行力度,把农民负担纳入法制化、规范化的轨道。要坚持和完善涉农收费文件"审核制"、涉农价格和收费"公示制"、农村公费订阅报刊"限额制"、农民负担"监督卡制"、涉及农民负担案(事)件"责任追究制"等五项制度。

(5)落实领导责任,推动减轻农民负担工作深入开展。进一步提高对减轻农民负担工作的认识,切实做到常抓不懈。一是坚持和完善减负工作制度。坚持和完善地方党政主要领导亲自抓、负总责的工作制度。坚持和完善"谁主管、谁负责"的专项治理部门责任制,充分发挥地方各级减负工作领导小组及其办公室的作用,对减负工作中出现的新问题要深入研究解决办法,严格审核涉及农民出钱出物出工的文件,确保减轻农民负担工作的整体合力不减弱。二是完善减负工作考核制度。将减轻农民负担纳入政府工作目标考核,确保减负工作的领导责任、部门责任不缺位。三是强化农民负担联合检查监督制度。完善检查方式,扩大检查范围,实行检查与处理相结合,确保减轻农民负担的高压态势。四是加强减负宣传培训工作。利用多种形式宣传减负和惠农政策,维护农民的知情权;加强对基层干部的培训教育,做到自觉守法、正确执法,确保各项减负惠农政策落到实处,促进农村社会和谐稳定。

74. 当前针对农民的收费有哪些?

当前,部分涉及农民负担的收费政策如下:

农民利用集体土地新建和改建自用住房,除交纳土地证书工本费和《房屋所有权登记证书》工本费外,其他如管理费、开垦费等行政事业性收费一律不得收取,也不得强制或变相强制建房人接受经营性服务并收取费用。

在办理婚姻登记过程中只需缴纳结婚证书工本费和离婚证书工本费。

义务教育阶段免收学生学杂费和课本费。农村公办高中每生每学期学费不得超过 120 元。义务教育阶段严禁学校向学生收取存车费、热饭费(搭膳费)和饮水费等各种服务性收费,严禁任何部门和单位利用职权向农村中小学校下达订阅报刊任务,严禁任何社会团体和群众组织通过中小学校向学生收取服务性费用,严禁任何中小学代出版发行单位和保险机构向学生收取教辅资料和保险费用。2009 年春季开学后,在全省范围内免收义务教育阶段学校住宿费。2010 年起,义务教育阶段学校除按规定收取作业本费外,不得向学生收取任何费用。

农民按规定使用集体水塘、水库中的水,家庭生活和畜禽饮用等少量取水,农业抗旱等临时应急用水,以及直接从江河、湖泊或者地下取用水资源从事农业生产免交水资源费。

对生猪养殖户的生猪检疫收费按下限标准执行,即每头检疫收费 2 元;生猪屠宰点的肉品检疫收费也按下限标准执行,即每头肉品猪检疫收费 2 元。

75. 一事一议筹资筹劳的含义和对象是什么?

一事一议筹资筹劳,是指为兴办村民直接受益的集体生产生活等公益事业,经民主程序确定的村民出资出劳的行为。筹资的对象为本村户籍在册人口或者所议事项受益人口中的劳动力。五保户、现役军人不承担筹资筹劳任务;退出现役的伤残军人、在校就读的学生、孕妇或者分娩未满一年的妇女不承担筹劳任务。

有下列情况之一的,由当事人提出申请,经符合规定的民主程序讨论通过后给予减免:1. 家庭确有困难,不能承担或者不能完全承担筹资任务的农户可以申请减免筹资;2. 因病、伤残或者其他原因不能承担或者不能完全承担劳务的村民可以申请减免筹劳。

76. 一事一议筹资筹劳的范围和程序有哪些规定?

关于村民一事一议筹资筹劳的范围,《江西省农民负担监督管理条例》第六条规定:"为兴办村民直接受益的村内小型农田水利基本建设、道路修建、公益性植树造林、农业综合开发有关的土地治理等集体生产生活公益事业项目,需要向村民筹资筹劳的,应当遵循村民自愿、直接受益、量力而行、民主决策、合理限额的原则,由村民委员会实行一事一议。"

关于村民一事一议筹资筹劳的程序,《江西省农民负担监督管理条例》第八条规定:"筹资筹劳事项可以由村民委员会提出,也可以由十分之一以上的村民联名或者五分之一以上的村民代表联名提出。村民委员会组织编制筹资筹劳方案,张榜公示,征求村民意见,并根据村民意见对筹资筹劳方案进行修改,再提交村民会议或者村民代表会议依照法定程序审议和表决。表决通过的筹资筹劳方案,由参加会议的村民或者村民代表签字"。第九条规定:"表决通过的筹资筹劳方案由村民委员会报乡镇人民政府审核同意后,由乡镇人民政府报县级人民政府农业行政主管部门备案;对不符合本条例规定的,应当及时提出纠正意见。符合本条例规定的筹资筹劳事项、标准、数额,由乡镇人民政府在省人民政府农业行政主管部门统一印制或者监制的农民负担监督卡上登记。村民委员会应当将农民负担监督卡分发到农户,并张榜公布筹资筹劳的事项、标准和数额。"

77. 向上级和社会反映农民负担的渠道和途径有哪些?

《江西省农民负担监督管理条例》第二十六条规定:"县级以上人民政府农业、财政、价格、监察、交通、国土资源、教育、审计、信访等行政主管部门应当建立健全农民负担举报、投诉制度,公布举报电话、信箱或者电子邮件地址,并加强相互之间的协调、配合。对违反本条例规定的行为,任何单位或者个人有权向前款规定的部门举报、投诉。收到举报、投诉的部门应当依法及时处理,并将处理情况告知本级农业行政主管部门。有关单位或者个人对违反本条例的具体行政行为不服的,可以申请行政复议,有关行政复议机关应当依法处理。"

十

林业问题

78. 什么是造林绿化"一大四小"工程？

"一大"：就是确保实现到 2010 年江西全省森林覆盖率达到 63% 这个大目标。"四小"：一是设区市和县城所在地绿化。二是乡镇政府所在地绿化，三是农村自然村绿化，四是基础设施、工业园区和矿山绿化。

79. 造林绿化"一大四小"工程建设主要有什么扶持政策？

（1）动员全社会参与。坚持"谁绿化谁所有、谁投资谁受益、谁经营谁得利"，明确投资主体，落实造林主体，依法及时给造林经营者颁发林权证，维护造林经营者的合法权益。鼓励科技人员、机关和企事业单位干部职工单独或合伙投资造林绿化。

（2）实行政府扶持。江西省财政从 2008—2009 年度开始，连续 3 年每年投入 3 亿元扶持资金，主要用于主推造林树种的苗木补助。

（3）放宽采伐条件。对在非规划林地上营造的杨树、泡桐等速生商品林，允许经营者自主选择采伐方式和年龄，由当地林业部门核实后办理采伐手续。在苗圃内培育的绿化大苗，允许在省内移植和运输。简化信贷手续，建立农民林业小额贷款和林权抵押贷款扶持政策。

80. 退耕还林包括哪些内容，国家有什么补助政策？

退耕还林工程包括退耕地造林、荒山荒地造林和封山育林。

其中荒山荒地造林,国家在造林当年给予一定的种苗补助;封山育林,国家在封育当年给予一定的补助;而退耕地造林除了在造林当年给予一定的种苗补助外,国家还按照核定的退耕还林实际面积,在一段时期内,向退耕土地原承包经营权人提供一定的资金补助。退耕地造林补助具体标准如下:退耕还生态林补助16年,其中前8年每亩退耕地每年给予生活补助20元、粮食补助210元,后8年每亩退耕地每年给予管护补助20元、生活补助105元。退耕还经济林的补助10年,其中前5年每亩退耕地每年给予生活补助20元、粮食补助210元,后5年每亩退耕地每年给予管护补助20元、生活补助105元。

81. 国家对破坏退耕还林成果有什么处罚规定?

《退耕还林条例》规定,退耕还林者擅自复耕,或者在退耕还林项目实施范围内从事滥采、乱挖等破坏地表植被活动的,依照《刑法》关于非法占用农用地罪、滥伐林木罪等有关规定,依法追究刑事责任;尚不够刑事处罚的,由县级以上人民政府林业、农业、水利行政主管部门依照《森林法》、《草原法》、《水土保持法》的规定进行处罚。

82. 国家对退耕还林林木采伐有什么规定?

《退耕还林条例》规定,资金和粮食补助期满后,在不破坏整体生态功能的前提下,经有关主管部门批准后,退耕还林者可以依法对其所有的林木进行采伐。

83. 国家对退耕还林的承包有什么规定？

国发［2002］10 号文规定：有条件的地区可本着协商、自愿的原则，由农村造林专业户、社会团体、企事业单位等租赁、承包退耕还林，其利益分配等问题由双方协商解决。鼓励在有条件的地区实行集中连片造林，鼓励个人兴办家庭林场，实行多种经营。《退耕还林条例》规定：退耕土地还林后的承包经营权期限可以延长到 70 年。承包经营权到期后，土地承包经营权人可以依照有关法律、法规的规定继续承包。退耕还林土地和荒山荒地造林后的承包经营权可以依法继承、转让。

84. 国家对退耕还林林权证发放有什么规定？

《退耕还林条例》规定：国家保护退耕还林者享有退耕土地上的林木所有权。自行退耕还林的，土地承包经营权人享有退耕土地上的林木所有权；委托他人还林或者与他人合作还林的，退耕土地上的林木所有权由合同约定。退耕土地还林后，由县级以上人民政府依照森林法的有关规定发放林权证书，确认所有权和使用权，并依法办理土地变更登记手续。

85. 国家对退耕还林补助发放有什么规定？

《退耕还林条例》规定：退耕土地还林后，在规定的补助期限内，县级人民政府应当组织有关部门及时向持有验收合格证明的退耕还林者一次付清该年度生活补助费。退耕还林资金实行专户存储、专款专用，任何单位和个人不得挤占、截留、挪用和克扣。任何单位和个人不得弄虚作假、虚报冒领补助资金和粮食。

86. 国家对退耕还林种苗补助费的使用有什么规定？

《退耕还林条例》规定：种苗造林补助费应当用于种苗采购，节余部分可以用于造林补助和封育管护。退耕还林者自行采购种苗的，县级人民政府或者其委托的乡级人民政府应当在退耕还林合同生效时一次付清种苗造林补助费。集中采购种苗的，退耕还林验收合格后，种苗采购单位应当与退耕还林者结算种苗造林补助费。

87. 林权主体改革取得了哪些成效？

针对长期以来林业产权不明、税费负担过重、经营机制不活、林农积极性不高等突出问题，从 2004 年起，江西省开展了以"明晰产权、减轻税费、放活经营、规范流转"为主要内容的林权制度改革。到 2008 年底，全省共完成林地确权 1.51 亿亩，完成林地使用权发证 613.4 万本，产权明晰率达 96.3%，集体林地分山到户率达 82.5%；调处山林纠纷 6.21 万起，涉及山林面积 582.37 万亩，纠纷调处率达 97.2%；木竹税费负担由林改前的 56% 下降到 11%，林改受到了广大老百姓的普遍欢迎。林改后，广大林农拥有了稳定的林地、林木经营权和收益权，做到了"山定权、树定根、人定心"；林农收入大幅度增加，2005—2008 年，全省农民来自林业的现金收入每年都以 20% 以上的速度增长；木材价格大幅上涨，林地林木流转价格大幅攀升，林农普遍从林改中得到了实惠；林农造林积极性空前高涨，林农舍得投入造林，造林大户、企业纷纷投资开发林业，全省每年造林面积超过 300

万亩;农村社会更加和谐稳定,许多积怨多年甚至经地方法院判决后都难以执行的纠纷,在林改中得到了妥善解决。同时,林改促进了农村基层民主政治和法制建设,干群关系更加融洽。

88. 林权主体改革结束后,下一步主要抓什么?

林权主体改革只是把山分给了林农,但要使老百姓从山上增收,加快林业发展,提高林业经营效益,还有大量的工作要做。下一步主要从几个方面抓好配套改革。(1)建立林业产权交易中心,发布林业交易信息,搭建公开透明的森林资源交易平台,保护广大老百姓和林业经营者的利益。(2)开办林权抵押贷款业务,切实解决老百姓经营林业无资金、贷款难的问题。(3)采取政府补贴保费的方式,开办林木火灾等森林保险业务,切实解决因火灾等自然灾害给老百姓带来大的损失。(4)建立省级林业担保公司,帮助林业企业解决贷款担保难的问题。(5)提高生态公益林补偿标准,江西省 2009 年补偿标准提高到每亩 10 元。(6)通过采伐指标分配公示的办法,改革木材采伐指标分配方式,使符合采伐条件的农户真正得到采伐指标。(7)引导林农自愿组建造林、防火、林产品销售等民间协会,提高林农闯市场的能力和经营效益。(8)加快发展油茶、毛竹、杨树、泡桐、光皮树等林业产业,提高林业附加值,增加农民收入。

89. 林业产权交易中心有什么作用?

(1)发布林地、林木价格行情和林产品市场价格信息,避免老百姓因信息不对称而造成损失。

(2)通过林权交易中心,公开透明地拍卖和交易林地、林木和林产品,把森林资源变现,防止暗箱操作。

（3）办理林权抵押贷款。

（4）开展林权登记管理和林权档案管理,提供林权档案材料查阅、抄录和复制等服务。

（5）提供有关林权流转法规、政策咨询。

（6）对林权交易行为进行指导和监督,审查林权流转（抵押）合同、评估报告和有关资料,办理交易和登记手续。

（7）办理林业主管部门委托的行政审批服务等其他相关业务。

90. 木材采伐指标分配方式改革有哪些具体做法?

（1）计划前置审批。县（市、区）以村、国有林场为单位编制木材生产计划,报设区市林业局审核后,由设区市林业局统一转报省林业厅审批,然后直接下达给县（市、区）。

（2）管理双线运行。实行计划下达和核发采伐许可证两条线管理。木材生产计划按照省—县—乡—村—户逐级下达,林木采伐许可证由县林业局或委托的林业工作站核发。

（3）分配两榜公示。木材生产计划和采伐申请审核情况实行两榜公示。即下达到村、组的木材生产计划要向村民进行第一榜公示,村组根据林农申请核准的分配到户计划在村、组进行第二榜公示,接受群众监督。

（4）指标确保到户,即木材生产计划和林木采伐许可证必须分配、核发给林权所有者,不得给非林权所有者的企业、个人和其他单位。

91. 林业专业合作组织有哪些类型？林业专业合作社是什么性质的组织？

林业专业合作组织包括农民林业专业合作社、家庭合作林场、股份合作林场、林业"三防"（防火、防盗、防病虫害）协会、公司＋农户等。国家扶持发展林业专业合作组织，重点扶持发展农民林业专业合作社，发挥农民林业专业合作社对外为社员销售、加工、运输、贮藏林产品，对内为社员采购林业生产资料和提供技术、信息等服务功能。

农民林业专业合作社是农民专业合作社的一种形式，是以农民为主体，自愿组织起来的新型组织，不改变原有林地林木的家庭承包经营性质；是从事林业经营活动的实体型农民合作经济组织；是农民自愿联合起来、实行民主管理的组织，社员在组织内部地位平等并实行民主管理；是具有互助性质的组织，通过合作互助，提高规模效益，完成农民一家一户办不了、办不好、办了不合算的事。

92. 如何办理林权抵押贷款、小额贷款和林业贴息贷款？

林权抵押贷款是指林农以其依法有权处分的林权作抵押物，向银行、农村信用社等金融机构申请借款的行为。

凡取得县级以上人民政府颁发的全国统一式样的《林权证》书，且无山林权属纠纷的用材林、经济林、薪炭林等林木资产及其林地使用权和采伐迹地、火烧迹地的林地使用权，均可作为林权抵押贷款抵押物。

　　林业贴息贷款是指林农［当年贷款累计30万元以上］贷款从事工业原料林造林、毛竹低改、油茶造林以及其他种植业项目。

　　林业小额贷款指林农（当年贷款累计金额小于30（含）万元）贷款从事工业原料林造林、毛竹低改、油茶造林以及其他种植业项目。

　　办理贷款操作程序以林农向农村信用社办理林权抵押贷款为例：

　　（1）贷款申请：借款人向农村信用社申请林权抵押贷款。申请所需材料：①借款申请书；②林权证；③借款人身份证复印件；④林权证所有者及其配偶身份证、结婚证复印件；⑤信用社要求出具的其他材料。

　　（2）贷款调查：县级以上林业主管部门或其授权单位调查该项贷款抵押物的真实性、合法性。调查后应出具《××县森林资源资产调查情况表》，对抵押物的真实情况予以确认。然后农信社信贷员按信贷管理办法进行信贷调查及办理相关手续。

　　（3）贷款审批：农村信用社根据调查情况，审批是否发放贷款。

　　（4）办理抵押登记手续。抵押人（林农）与抵押权人（金融机构）签订抵押合同后，应持以下文件资料向森林资源资产抵押登记部门（林业部门）办理抵押登记，抵押合同自登记之日起生效：①抵押人个人身份证、抵押权人法人证书或其授权人个人身份证；②抵押合同；③林权证；④《××县森林资源资产调查情况表》；⑤抵押登记部门认为应提交的其他文件。

　　（5）签订抵押借款合同。

　　（6）贷款发放。

　　（7）贷款本息归还。

93. 为什么森林火灾发生的频率这么高？今后江西省森林防火形势如何？

(1)气候条件十分不利。随着全球气候总体恶化，江西省气候也出现反常，持续干旱少雨的气候给森林防火带来极大压力。近几年，江西省出现百年不遇的高温干旱，有关部门先后发出红色干旱警报；2008 年、2009 年二月份都出现了历史最高森林火险，国家森林防火指挥部专门向江西省发出红色森林防火警报，赣南等地区近几年来持续干旱，这些地区的森林火险还将持续偏高，部分地区还将达到极度危险。

(2)林内可燃物载量大。2008 年年初的雨雪冰冻灾害，给江西省森林植被造成了严重破坏，林区很多倒伏、折断的树木和枯枝落叶没有及时清理，大大增加了林区的可燃物。另外，林区的瞭望台、防火道路等防火设施严重受损。一旦发生火灾，火势猛烈，扑救人员又难以靠近，对扑火工作造成了极大困难。

(3)防火管理难度加大。江西省森林覆盖率高达 60.05%，森林面积大，森林防火战线长，防火任务重压力大。特别是林改后，林业由过去集体经营为主转变为以千家万户为主，呈现出分散化、多元化的特点，野外火源管理难度加大。据统计，江西省发生的森林火灾主要是人为因素，绝大多数是因为烧田埂草、炼山造林、上坟烧纸、野外吸烟、智障人员及小孩玩火等引发的。另外，现在山林成了林农的自家财产，林农更加看重自家的林子，一旦发生森林火灾，扑火时全家男女老少一齐上，安全隐患加大。

(4)防火意识不高。有些地方的干部群众对森林防火严格的管理措施不理解；有些地方宣传不到位，存在盲区和死角；有些地方传统的野外用火习惯难以转变，往往造成一点火星烧掉万亩林子,甚至酿成人员伤亡事故。

94. 发生森林火灾时,林区群众应该怎么办?

林区群众发现森林火灾后,首先要在第一时间拨打全国统一的森林防火报警电话12119或各地特定的电话报警,据实报告火灾发生地点、火势情况等。其次要在确保安全的情况下进行扑救。如果居民掌握基本的扑火技能和安全避火知识,可以在确保自身安全,服从统一指挥的前提下,有序参加森林火灾的扑救。如发现自身被林火围困,要尽快进入火烧过、没有树和草的地方;如来不及,要立即选择近处的土坑、河沟,把衣服用水浸湿,蒙上头,卧倒避火。相关森林防火知识、基本扑火技能、安全避火知识等,可以登录"中国森林防火网"(www. slfh. gov. cn)和"江西森林防火网"(www. jxslfh. gov. cn),学习掌握。

95. 林区群众平时生活中应该如何注意防止引发森林火灾?

(1)牢固树立"森林防火"意识。要时刻不忘森林防火,从我做起,从小事做起,自觉做到野外不带火、不吸烟,不玩火。

(2)切实做到"五个禁止",即:禁止携带火种及易燃易爆物品进入山林;禁止在林区及林缘100米范围内吸烟、野炊和上香、烧纸、燃放烟花爆竹;禁止炼山造林;禁止在山上直接烧除断木和枯枝落叶等;禁止烧荒、烧田埂、烧草木灰。

(3)加强对重点人员的监护。特别是对精神病患者、智障人员和少年儿童等进行有效监护,落实监护责任。如果因本人原因引发森林火灾的,将承担相应的法律责任。

十一
水利问题

96. 怎样抓好病险水库除险加固建设？

（1）抓责任。按照属地管理、分级负责的原则，对病险水库逐座落实各级责任人，全面建立病险水库除险加固责任体系。

（2）抓开工。按照汛前要完成除险加固任务的要求，切实加快各项前期工作进展，争取尽早开工，逐座倒排时间。

（3）抓质量。强化对设计、审批、招标、施工、监理等各个环节的有效监督检查，确保工程质量。

（4）抓进度。加强在建工程的督促检查和进展调度，每半个月通报在建和未完工程的进度情况，确保汛前病险水库全面完工。

97. 如何加快农村饮水安全工程建设？

加快解决农村饮水安全问题，群众有愿望，政府有决心，是大势所趋，同时也是一项十分艰巨的任务。加快农村饮水安全工程建设需抓好以下环节。

（1）科学规划、合理布置。按照2010—2013年农村饮水安全工程规划的要求，把农村饮水不安全人口数和各项任务分解细化到县—乡—行政村—自然村。各地的规划要结合当地实际，真正选好水源、选好工程型式、适度确定规模，合理布局工程。比如，对于离城镇较近地区的农村饮水安全问题，提倡通过延伸城镇已有的供水管网来解决；对于离城镇较远、人口稠密的地区，结合当地村镇发展规划，兴建适度规模的跨村镇联片集中供水工程。二要进一步落实建设和管理的责任，

（2）着力推进工程建设。实行项目申报审批、主要设备材料

集中招标采购、工程监理、受益农户监督、用水户全过程参与等措施和办法来加强建设管理,确保工程质量和资金安全。深化供水管理体制改革,落实管理主体和责任主体,健全规章制度,科学确定水价,鼓励用水户参与工程运行管理和维护,特别要加强对农村集中供水工程的行业管理和安全生产管理,确保工程建得成,用得起,管得好,长受益。

(3)加强水源保护和水质监测。农民群众安全饮水问题,不仅要有可靠的水源,更要有安全的水质作为保障。要合理确定水源保护区和饮水工程管护范围,严禁水源保护区内各项违规开发活动和排污行为,切实加强对农村供水水源保护和水质的监督管理。加大水污染防治力度,加强水质监测和水环境综合整治,努力减少面源和点源污染。对因人为因素引起水源变化、水质污染或工程损坏,造成群众饮水困难的,要按照"谁损坏谁负责,谁污染谁治理"的原则,限期由责任方解决问题,恢复供水。要完善农村供水水质监测网络,定时、定点对供水水源、出厂水和管网末梢水水质进行监测,保障群众饮水安全。要采取多种形式向广大农民宣传环境卫生知识,提高农民的饮水安全和健康意识。

(4)加强督促检查和技术指导。要把检查工作当做加强管理的重要内容,及时发现和解决存在的问题,确保饮水安全工作健康发展。同时,组织专家分片对口进行技术指导,优化工程设计方案、技术和设备选型,通过最优的技术手段,解决高氟水、高砷水、苦咸水、污染水等特殊饮水水质处理问题。

98. 什么是农民用水户协会?

农民用水户协会是用水户参与灌溉管理的组织保障,是农民用水合作组织形式中最有发展前途的一种。农民用水户协会是小型农村水利工程或大中型灌区支、斗渠灌溉范围内受益农户,在自愿的原则下,通过民主方式组建、依法成立的具有独立法人地位的非营利性的农民用水合作组织。它是农民自己的组织,以为用水户提供灌溉服务为宗旨,互助合作、民主决策、民主管理、民主监督,是其开展活动的基本原则。

按照国家法规和政策规定,农民用水户协会在县级民政部门注册登记,取得合法地位,具有民事权利能力和民事行为能力,独立承担民事责任,接受政府和业务主管部门的指导和监督,不隶属于政府、灌区专管机构或其他组织,按照国家法律、法规、政策、协会章程和内部管理制度运行。

99. 农民用水户协会有哪些主要功能?

农民用水户协会对自己所有的或政府(包括灌区管理单位)移交的灌排工程设施,有充分的经营管理权。协会向会员提供灌溉用水和灌排服务,按照补偿供水成本原则向会员收取水费。协会的经营管理活动不以营利为目的。所收水费和其他合法收入,除支付供水单位供水费以外,全部用于管辖范围内的工程设施维护与运行管理开支,不存在盈利分红。协会不应成为为某些个人或组织谋利的工具。

农民用水户的职责主要有:一是做好灌溉排水服务与工程设施维护;二是核算内部运行成本,做好水费收缴工作;三是按照国家政策和协会章程的规定组织会员投劳筹资;四是开展多种经营,壮大协会实力;五是推广节水灌溉等先进技术;六是处理协会内部用水纠纷,化解矛盾。

100. 为什么要推进小水电代燃料工程建设?

进入 21 世纪以来,党中央、国务院从可持续发展战略的高度作出了退耕还林、天然林保护的决策。但实施退耕还林、天然林保护后,如何解决有史以来都以烧柴来做饭取暖农民的燃料问题,成为党中央、国务院高度关注的问题。

按照国家统一部署,根据把退耕还林区、天然林保护区、自然保护区和水土流失重点治理区内小水电资源较丰富的地区作为小水电代燃料项目规划区的原则,江西省编制完成了 51 个县的县级小水电代燃料生态保护工程规划。2008 年,水利部编制完成了《2009—2015 年全国小水电代燃料工程规划》,江西有 42 个县列入其中。

通过实施小水电代燃料可以有效解决农村居民生活燃料和调整农村能源结构,对目前正在进行的社会主义新农村建设可以起到很好的促进作用。特别是在山区形成以农村水电为龙头,以电补水、水利与水电相互促进的水利发展格局,不仅推进中小流域综合治理和梯级开发,提高防洪抗旱和水资源综合利用能力,而且可以大大提高水利为农业和农村经济服务的综合能力。

101. 如何加强农村水生态污染处理?

随着农村经济发展,农村水生态环境承受的污染负荷急剧增加,环境问题日益突出,对广大农民群众的身心健康、生产生活造成的危害日渐显现。农村水生态环境污染主要由于农村环境基础设施落后,农村生活污水任意排放,生活垃圾和建筑垃圾随意丢弃,垃圾成堆、污水横流、河道淤塞等现象突出,化肥、农药过量使用等。如不高度重视农村水生态环境问题,并采取切实措施加大保护力度,难以实现"清洁水源、清洁家园、清洁田园"的社会主义新农村。加强农村水生态污染处理主要应抓好以下环节。

(1)加快农村饮水安全工程的建设,优先解决高氟、高砷、苦咸、污染水及血吸虫病区的饮水安全问题。

(2)引导和帮助农民切实解决住宅与畜禽圈舍混杂的问题,搞好农村污水、垃圾的治理,作物秸秆和畜禽粪便的资源化和循环利用等。

(3)重点在种养业面源污染治理、农村生活垃圾集中收集处理、农村生活污水处理和农村河道整治。如在养殖业污染治理中,将畜禽粪便实施资源化利用,制成有机肥和户用沼气;在农村生活垃圾治理中,没有填埋条件的,可将农村生活垃圾集中收集处理后,进行焚烧发电,实施综合利用。在农村河道整治和农村生活污水处理中,结合推广沼气工程,实施无害化处理,使农村水环境恶化的趋势得到有效遏制。

(4)加强农村水生态污染治理,要坚持治标与治本相结合,努力从源头上控制和减少污染。在治标上,要全面推进重点流域、重点区域、重点行业、重点企业的水污染整治,严格执法;在治本上,要以治理农业面污染为切入点,大力发展生态农业。

102. 如何推进水土流失综合防治工程建设?

水土流失是不利的自然因素与人类不合理的经济活动互相交织作用产生的。不利的自然因素主要是:地面坡度陡峭,土体的性质松软易蚀,高强度暴雨,地面没有林草等植被覆盖;人类不合理的经济活动诸如:毁林毁草,陡坡开荒,过度放牧,开矿、修路、建房等生产建设破坏地表植被后不及时恢复,随意倾倒废弃土、石等。

水土流失的综合防治,首先是要预防水土流失的产生,从事可能引起水土流失的生产建设活动的单位和个人,必须采取措施保护水土资源,尽量减少并负责治理因生产建设活动造成的水土流失。要有计划地进行封山育林育草,保护植被,禁止毁林开荒、烧山开荒和在陡坡地、干旱地区铲草皮、挖树兜,禁止在25度以上陡坡地开垦种植农作物。其次是要对现有水土流失进行综合治理,要以小流域为单元,实行全面规划,综合治理,建立水土流失综合防治体系。主要治理措施分为工程措施和植物措施,工程措施主要有水平梯田、水平台地、水平条带、竹节水平沟、拦沙坝、山塘、蓄水池、谷坊、沉沙池等;植物措施主要有水土保持林、经济果木林、种草、封禁治理等。

目前,江西省正在实施的水土保持重点工程有赣江上游国家水土保持重点建设工程、国家农业综合开发水土保持项目等。鼓励水土流失地区的农业集体经济组织和广大人民群众对水土流失进行治理,并在资金、能源、粮食、税收等方面实行扶持政策。荒山、荒沟、荒丘、荒滩(四荒)可以由农业集体经济组织,农民个人或联户承包水土流失的治理,支持大户、专业户承包治理等。

十二
土地问题

103. 为什么要实行最严格的耕地保护制度?

耕地是农业生产、粮食安全的基础,也是国家经济安全、社会安全的基础,是我们的"生命线"。我国国情是人口多、耕地少,人均耕地占有量只有世界平均水平的37%。实行最严格的耕地保护制度,严格控制农用地转为建设用地,是保障国家长远发展,经济平稳、社会安定的必然要求,也是贯彻落实科学发展观,推进农村改革发展的必然要求。我国非常重视耕地保护工作,现行法律法规和政策作出了一系列规定,建立了世界上最严格的耕地保护制度,并明确提出了"要守住全国耕地不少于 18 亿亩这条红线"。

104. 如何执行最严格的耕地保护制度?

(1)层层落实耕地保护责任制。按照国务院有关文件规定和《江西省设区市级政府耕地保护责任目标考核暂行办法规定》,省、市、县(市、区)、乡(镇)人民政府要对经批准的同级土地利用总体规划确定的本行政区域内的耕地保有量和基本农田保护面积负责。省长、市长、县(市、区)长、乡(镇)长为第一责任人。每年上级政府要对下级政府进行考核,考核不合格的,要追究有关人员的领导责任。

(2)划定永久基本农田。结合县级、乡级土地利用总体规划修编,在按照上级规划下达指标划定的基本农田保护区中,将粮、棉、油生产基地,有良好水利和水土保持设施的高产、稳产、优质耕地,划为永久基本农田,实行特殊保护。县(市、区)政府、乡(镇)政府、村委会、村小组、农户之间都要签订基本农田保护责任状,实行基本农田保护"五不准",即:不准占用基本农田进行植树造林、发展林果业和搞林粮间作以及超标准建设农田林网;不准以农业结构调整为名,在基本农田内挖塘养鱼、建设用于畜禽养殖的建筑物等严重破坏耕作层的生产经营活动;不准违法占用基本农田进行绿色通道和城市绿化隔离带建设;不准以限耕还林为名违反土地利用总体规划,将基本农田纳入退耕范围;除法律规定的国家重点建设项目以外,不准非农建设项目占用基本农田。

(3)实行基本农田补划制度。严禁通过调整各级土地利用总体规划变相占用基本农田。国家能源、交通、水利、军事设施等重点建设项目,选址确实无法避开基本农田保护区,需要占用基本农田的,必须经国务院批准。并由当地人民政府根据依法批准的文件,修改土地利用总体规划,按照"先补后占"的原则,补充数量、质量相当的基本农田。要大力开展基本农田整理,积极推进基本农田保护示范区建设。

(4)进一步落实耕地占补平衡。国家建设、农民建房占用耕地,都要实行占补平衡,占多少,补多少。补充不了的,要缴纳相当于耕地征地年产值 8～10 倍、基本农田征地年产值 10～12 倍的耕地开垦费。要实行下达年度建设用地计划指标与补充耕地潜力和完成情况挂钩制度。由省检查已补充耕地纳入储备库情况,按规定标准足额征收耕地开垦费,加大补充耕地力度,将占用耕地的非农建设项目报批与已补充耕地通盘考虑,切实做到"先补后占"。

(5)积极推进土地整理复垦开发。继续加大土地整理复垦开发资金投入,按照政府主导、群众参与、市场化运作的原则,切实加强项目管理,接受社会监督,确保工程质量,为支农惠农、发展现代农业提供服务。

（6）加大违法占用耕地处罚力度。未经批准或者采取欺骗手段骗取批准，非法占用耕地或基本农田的，要严格按照《中华人民共和国土地管理法》第七十六条和《江西省实施〈中华人民共和国土地管理法〉办法》第四十五条的规定，由县级以上人民政府土地行政主管部门责令退还非法占用的土地，对违反土地利用总体规划擅自将农用地改为建设用地的，限期拆除在非法占用的土地上新建的建筑物和其他设施，恢复土地原状，对符合土地利用总体规划的，没收在非法占用的土地上新建的建筑物和其他设施，可以并处罚款。占用基本农田的，每平方米罚款 20~30 元；占用其他耕地的，每平方米罚款 10~20 元；占用其他土地的，每平方米罚款 10 元以下。对非法占用土地单位的直接负责的主管人员和其他直接责任人员，依法给予行政处分；构成犯罪的，依法追究刑事责任。

105. 如何规范国家土地征收程序？

《中华人民共和国土地管理法》规定：国家为了公共利益的需要，可以依法对土地实行征收或者征用并给予适当补偿。国家土地征收，主要是指国家对原属于农民集体所有的土地（以下简称农村集体土地）依法征收为国有土地。关于土地征收程序，《中华人民共和国土地管理法》及其配套法规作出了一系列规定，各级人民政府及其有关主管部门应当按照有关法律法规的规定，进一步规范国家土地征收程序。

（1）规范征收土地申请程序。按建设项目征收土地的，用地者应当持有关法规规定的文件，向被征收土地所在地的市、县土地行政主管部门提出用地申请。土地行政主管部门应当自收到用地申请之日起 10 日内作出是否受理的答复。

（2）规范征收土地告知程序。建设项目用地申请经审查受理或者成片土地征收方案经批准后，由征收土地所在地的市、县人民政府组织召开用地单位、被征收土地的乡（镇）、村、组各级干部动员大会，逐级宣传。并由征收土地所在地的市、县土地行政主管部门将拟征收土地位置、用途、补偿标准、安置途径（社保政策）等情况，告知被征收土地的村集体及农民，并在村、组公开栏位置张贴征收土地通知书或者征收土地公告。

（3）规范征收土地确认程序。在征收土地告知后，由征收土地所在地的市、县土地行政主管部门，组织测量单位、被征收土地的乡（镇）政府、村、组干部及部分村民代表和地上附着物所有者，对拟征收土地的权属、地类、面积、范围以及地上附着物的权属、种类、数量等现状进行调查勘测，予以登记，并由被征收土地的村、组、农户、附着物所有者对调查勘测结果进行签字确认，确认后予以张榜公布。

（4）规范征收土地听证程序。根据征收土地调查勘测确认的结果，由征收土地所在地的市、县土地行政主管部门拟定征地补偿安置方案、征地听证告知书，并以书面形式一并送达被征收土地的村集体经济组织，由村、组干部在听证告知书送达回执上签收，并将征地补偿安置方案在村务公开栏进行张贴，告知被征地村集体经济组织及农户对征地补偿安置方案有要求听证的权利。村集体经济组织应召开村民代表大会，确定是否要求听证。如要求听证的，应当在 5 个工作日内以书面形式向当地土地行政主管部门申请听证。当地土地行政主管部门收到听证申请后，应当及时确定听证会召开日期，并在听证会召开 30 日前以书面形式告知听证地点、日期、参加人员、听证有关规定等。当地土地行政主管部门应当在听证会上做好有关解答工作，作好相关听证会议记录及听证会议纪要。对被征地村集体经济组织及农户提出的合理要求,应当及时妥善予以解决。

(5)规范征收土地审批程序。征收土地所在地的市、县土地行政主管部门履行完拟征地依法报批前相关程序后,应当及时组织材料逐级上报审批。对征收基本农田的、征收基本农田以外的耕地超过 35 公顷的、征收其他土地超过 70 公顷的,需报国务院批准。除此之外征收其他土地的,报省人民政府批准。

(6)规范征收土地实施程序。经依法批准征收土地的,省、市、县土地行政主管部门应当在网站上进行公示,并及时通知被征收土地的乡(镇)人民政府及村集体经济组织。被征收土地的乡(镇)人民政府、村集体经济组织应当组织制定征地补偿分配方案,按照土地补偿费主要用于被征地农户的原则,制订出土地补偿费在农村集体经济组织内部的分配办法,并召开村民代表大会审议通过。被征地的农村集体经济组织应当将征地补偿费用的收支和分配情况,向本集体经济组织成员公布,接受监督。农业、民政等部门要加强对农村集体经济组织内部征地补偿费用分配和使用的监督。

在被征地单位制定出征地补偿分配方案后,当地土地行政主管部门应当依据批准的征地补偿安置方案,足额支付征地补偿款。被征地的村集体经济组织、地上附着物所有者在收到征地补偿款后,应当自行清理地上附着物,交出土地。未足额支付征地补偿款的,不得动工建设。

106. 如何完善征地补偿机制?

征地问题涉及被征地农民的切身利益。党的十七届三中全会审议通过的《中共中央关于推进农村改革发展若干重大问题的决定》中,明确提出了深化征地制度改革,完善征地补偿机制,切实保障被征地农民的合法权益的要求。江西省委、省政府也十分重视被征地农民的生产生活,省政府出台了《关于公布全省征地统一年产值和区片综合地价的通知》、《关于被征地农民养老保险试点工作指导意见的通知》等政策性文件,进一步健全完善征地补偿机制,着力解决少数地方存在的征地补偿标准偏低、随意性较大等突出问题,千方百计保障被征地农民的长远生计。当前,完善征地补偿机制,主要应从以下几个方面着力:

(1)完善被征地农民土地补偿机制。一是统一征地补偿标准。自2009年3月1日起,全省统一执行征地统一年产值标准和区片综合地价。按照省政府出台的《关于公布全省征地统一年产值和区片综合地价的通知》,全省征地补偿标准均得到提高,其中水田的平均标准达到22684元/亩。新的征地补偿标准不含青苗补偿费、地上附着物补偿费和社会保障费用。新的征地补偿标准公布后,对少数地区原实际补偿已高于新标准的,仍执行原来的标准,不得以执行新标准为由降低补偿标准。省政府的通知还提出将根据全省经济发展情况变化原则上2~3年修订一次征地统一年产值标准和区片综合地价。同时要求各地切实做好新老征地补偿标准的衔接过渡工作。使用国有土地的,参照此次公布的标准执行。国家和省重点交通、能源、水利等大型基础设施建设项目,其征地补偿标准以新公布的标准为原则另行制定。

二是合理进行征地补偿。征地补偿要做到同地同价,补偿安置必须以确保被征地农民原有生活水平不降低、长远生计有保障为原则。土地补偿费和安置补助费的总和达到法定上限,尚不足以使被征地农民保持原有生活水平的,所需费用从当地国有土地有偿使用收入中安排。在土地征收审批过程中,要严格审查征地补偿安置费用标准和构成。对征地补偿安置费用未落实,或达不到规定标准和要求的,暂缓农用地转用和土地征收审批;对因征地补偿安置不到位或拖欠被征地农民补偿安置费用而引发重大群体性事件的,责令限期整改,整改期间暂停农用地转用和土地征收审批。

（2）完善被征地农民安置机制。一是妥善安置被征地农民。拓宽被征地农民安置渠道,大力推行货币安置、留地安置、异地移民安置、就业安置等方式相结合的安置办法,确保被征地农民的长远生计有保障。对有稳定收益的项目,农民可用经依法批准的建设用地土地使用权入股。在城市规划区内,要将被征地农民纳入统一的失业登记制度和城镇就业服务体系,在劳动年龄段内有就业愿望的,按规定享受免费职业介绍和就业培训的有关政策。在城市规划区外,征收农民集体所有土地时,要在本行政区域内为被征地农民留有必要的耕作土地。对不具备基本生产生活条件的无地农民,可以实行异地移民安置。

二是做好被征地农民的社会保障工作。各地要认真落实国办发〔2006〕29号文件规定,做好被征地农民就业培训和社会保障工作。被征地农民社会保障工作的对象,以新被征地农民为重点人群,具体对象由各地确定,各地要严格按规定程序核准并予以公告。对城市规划区内的被征地农民,应根据各被征地农民不同年龄段,制定保持基本生活水平不降低的办法和养老保障办法,对符合城市居民最低生活保障条件的,按规定纳入最低生活保障范围;对符合医疗救助条件的,按规定纳入救助范围。对城市规划区以外的被征地农民,符合条件的,按规定纳入农村居民最低生活保障、新型合作医疗和农村医疗救助范围。被征地农民的社会保障费用,按有关规定纳入征地补偿安置费用,不足部分由当地人民政府从国有土地有偿使用收入中解决。社会保障费用不落实的,不得批准征地。对原已被征地农民,各地也要统筹考虑需要与可能、新老政策衔接等因素,予以妥善解决。

（3）完善征地补偿安置争议协调裁决机制。省政府已出台《江西省征地补偿安置标准争议协调裁决办法》,对下列事项之一有异议的,被征地的农村集体经济组织、被征地农民（以下统称申请人）,可以自征地补偿安置方案公告之日起 30 日内,向批准征地补偿安置方案的市、县人民政府提出协调申请,并将以下申请材料直接递交协调工作机构:①征地补偿费标准;②安置补助费标准;③被征土地的青苗和地上建筑物、构筑物及其他附着物补偿标准;④被征土地地类、人均耕地面积、被征土地前三年平均年产值的认定;⑤实行区片综合地价计算征地补偿费的地区,对区片综合地价的适用标准和计算;⑥法律、法规、规章规定的其他事项。

申请协调应当提交下列材料:①申请书;②申请人身份证明材料;③被征土地的所有权证或者其他权属证明;④法律、法规、规章规定应当提交的其他材料。

申请人委托代理人提出申请的,应当提交授权委托书、代理人身份证明等相关材料。

协调不成可向省人民政府申请裁决,省人民政府是本省征地补偿安置标准争议的裁决机关,省国土资源行政主管部门是办理征地补偿安置标准争议裁决的具体工作机构。

（4）完善征地补偿综合协调机制。各地要高度重视被征地农民的社会保障和就业问题,在政府的统一领导下,进一步建立和完善征地补偿综合协调机制。要建立被征地农民社会保障机制联席会议制度。劳动保障部门作为实施被征地农民社会保障的主管部门,负责被征地农民养老保险政策的制定和组织实施;会同有关部门制定被征地农民养老保险基金财务、统计和内部审计制度;对基金收缴、发放和基金运营进行监督。社会保险经办机构负责被征地农民参保手续办理、养老保险基金收缴、待遇调整和发放等具体业务。财政部门负责基金专户的监督管理，受政府委托承担有关资金、补助基金的筹集调剂。国土资源部门负责土地征收、征地补偿、配合财政部门筹集被征地农民养老保险基金。民政部门负责及时提供最低生活保障标准的调整情况，按规定及时为符合条件的被征地农民发放最低生活保障金。

107. 为什么要实行最严格的节约用地制度？

节约集约用地是我国土地利用的根本方针。严格土地管理，推进节约集约用地，是我们面临的一项长期而紧迫的任务。党中央、国务院历来高度重视节约集约用地，2008 年 1 月 3 日发布了《国务院关于促进节约集约用地的通知》，2009 年中央 1 号文件又明确指出"要实行最严格的耕地保护制度和最严格的节约用地制度"，这对坚守 18 亿亩耕地红线，保障我国经济社会可持续发展，具有重大而深远的意义。

108. 如何执行最严格的节约用地制度？

（1）运用土地利用总体规划引导节约用地。所有建设用地必须符合土地利用总体规划，严格禁止擅自将农用地转为建设用地，禁止通过"以租代征"等方式使用农民集体所有农用地进行非农业建设，坚持能用劣地的不用好地，能用未利用地的不用耕地。

（2）制定节约集约用地标准促进节约用地。逐步提高土地投资强度、容积率和建设密度，优化土地利用结构，提高土地利用效率和集约化程度。认真执行国家产业政策，对那些淘汰类、限制类的投资项目,要禁止或限制用地。引导企业提高土地利用率,积极鼓励和支持企业利用现有土地增加投资、扩大生产规模。鼓励建设多层厂房,提高土地容积率。

(3)实行年度土地利用计划规范节约用地。加强建设用地出让管理,要求在确定的年度土地利用计划中控制建设用地供应总量,实行有定额、有秩序、有目的的供应建设用地。不断盘活存量、闲置土地,建设一个有序、稳定和有活力的土地市场。

(4)严格土地利用管理促进节约用地。一是全面落实建设用地招标拍卖挂牌出让制度,充分发挥市场配置土地资源基础性作用。二是严格执行闲置土地处置政策,对闲置土地特别是闲置房地产用地征缴增值地价,促进闲置土地盘活利用。三是规范土地转让收支管理,国有土地出让总价款全额纳入地方预算,缴入地方国库,实行"收支两条线"管理。四是严格土地管理责任制,强化对土地管理行为的监督检查,严肃惩处各种土地违法违规行为。

(5)建立多部门协调机制保障节约用地。实行土地管理从"一家管"到"大家管"的转变,各部门协同行动,形成监管合力。对未取得合法用地手续的建设项目,发展改革部门不办理项目审批、核准手续,规划部门不办理建设规划许可,建设部门不发放施工许可证,电力和市政公用企业不通电、通水、通气,国土资源管理部门不受理土地登记申请,房产部门不办理房屋所有权登记手续,金融机构不发放贷款。未依法办理农用地转用审批手续占用农用地设立企业的,工商部门不予登记。

109. 为什么要加强农村宅基地管理?

农村宅基地具有生活和生产双重功能。目前,由于农村宅基地管理的法律法规不完善、执法不严格、管理不到位等方面的原因,再加上农村宅基地无偿无期限和无流转的使用制度,在一定程度上导致了农村宅基地的无序扩张、土地资源的严重浪费和农户宅基地用益物权的难以实现。党的十七届三中全会通过的《中共中央关于推进农村改革发展若干重大问题的决定》提出了"完善农村宅基地制度,严格宅基地管理,依法保障农户宅基地用益物权"的明确要求。

110. 怎样加强农村宅基地管理?

(1)完善农村宅基地管理法律制度,规范农村宅基地管理。在国家修改《土地管理法》的基础上,结合江西省的实际,加快地方性配套法规的建设。针对农村宅基地管理新形势下出现的新情况、新问题,完善农村宅基地管理的法律制度,明晰宅基地产权,明确宅基地流转、宅基地登记发证等问题,将农村宅基地管理进一步纳入法制轨道。

(2)探索建立农户宅基地使用权流转制度,保障农户宅基地用益物权。参照农村土地承包经营权流转的改革方向,调整农村宅基地的产权设置。允许农户依法取得的宅基地逐步在一定条件、一定范围内自由流转。鉴于宅基地承载的社会功能以及土地资源的稀缺性,为防止滥用宅基地使用权的流转牟取不法利益,对其进行适当的限制是必要的。这种限制应主要体现为在坚持"一户一宅"的原则下,农户依法转让了宅基地使用权的,不得再申请新的宅基地;坚持用途管制原则,明确禁止买受人擅自将宅基地改变为商业用地,谨防利用宅基地进行房地产开发等商业投机活动。

(3)建立统一的农民不动产登记制度,加快宅基地登记发证工作步伐。为改变目前房地产多头登记、管理混乱的局面,应建立统一的农民不动产登记制度,尤其要加强农户宅基地流转中的产权变更登记工作。由于房屋是附着在宅基地上的建筑物,房屋与宅基地的关系是从物与主物的关系,且国土资源地籍管理部门掌握丰富的地籍资料,地籍管理信息系统建设也日渐完善,为节约行政管理成本,不动产登记机关应规定为国土资源行政主管部门为宜。

(4)积极开展农村宅基地整理,推进新农村建设。农村宅基地整理潜力巨大。各地区应积极开展农村宅基地整理,推进城镇建设用地增加与农村建设用地减少相挂钩试点工作。宅基地整理可实行政府定额补贴,坚持谁整理谁受益。应从城镇新增建设用地收益中拿出一定比例资金,用于农村土地综合整治与新农村建设,以进一步扩大新农村建设和农村建设用地整理的资金渠道。要制定政策充分调动农民对闲置宅基地整理的积极性,以有效增加农用地数量,推进新农村建设。

(5)加强农村宅基地用地计划管理,改革宅基地审批制度。各县(市)应根据农村宅基地占用农用地的计划指标一次性申请办理农用地转用。对存量宅基地的原址翻建改建,只要符合土地利用总体规划和村镇建设规划,应从宽审批。农村居民建房用地必须坚持按规划、按计划、按标准、按程序、按权限依法审批。坚持统一安排,定点放样,不得自行选址。要提倡相对集中建房,推广联建统建,严格控制建造单家独院式住宅。要严格执行农村宅基地法定限额标准。

(6)创新管理机制,在现行法律框架下为农村宅基地管理探索新路径。一是农村宅基地用地供给应逐步实现"双轨制",即农村村民建房用地,采取划拨与有偿取得并举的供给方式。这样可以盘活村庄内部存量建设用地,并将土地收益返还集体组织,壮大集体经济力量。二是建立严格的执法监督体系。以乡(镇)中心国土资源所为主体,加大执法力度,严肃查处农村宅基地批少用多、乱搭乱建等问题。严格实行农村居民建房"一户一宅"制,坚决杜绝新的违法占地行为发生。

111. 怎样推进农村集体建设用地流转?

农村集体建设用地是指农村集体所有的建造建筑物、构筑物的土地,包括农村村民住宅用地、乡(镇)村公共设施、公益事业建设用地和乡镇企业用地。推进农村集体建设用地流转,总体上应当坚持加强农村集体建设用地流转管理,规范集体建设用地入市行为,积极稳妥推进制度创新。

(1)明确集体经营性建设用地使用权流转范围。在土地利用总体规划确定的城镇建设用地范围内,非农建设使用农村集体土地,实行国家征收。在土地利用总体规划确定的城镇建设用地范围外,交通、能源、水利等基础设施,以及国防、军事等公益性用地继续实行国家征收;除用于乡(镇)村公共设施和公益事业建设用地以及农村村民法定的宅基地外,经批准占用农村集体土地建设非公益性项目,在符合土地利用总体规划的前提下,允许农民依法通过多种方式参与开发经营并保障农民合法权益。不得利用农村集体土地建设商品住宅,不得建设高尔夫球场,不得建设其他违反国家产业政策和土地供应政策等法律法规规定的项目。

(2)严格执行土地用途管制制度。不符合土地利用总体规划确定用途的建筑物、构筑物,不得重建、扩建,集体建设用地使用权不得流转;严禁未经批准将规划确定的农用地和未利用地转为建设用地;确需转为建设用地的,必须符合土地利用总体规划,纳入土地利用年度计划,依法办理审批手续,并先行做到耕地占补平衡。

(3)加快土地有形市场建设。建立与国有土地出让、转让制度相衔接的农村集体建设用地出让、转让制度。根据农村集体建设用地出让、转让的实际需要,本着统一、公开、便民、高效的原则,完善土地有形市场的功能、布局,建立健全制度规范。规范农村集体建设用地流转管理,严格限定使用范围,明确审批程序。划拨集体建设用地使用权改变用途或进入市场流转时,应在土地有形市场公开交易。编制集体建设用地使用权流转计划,报经县(市)以上人民政府核准后,由县(市)国土资源行政主管部门组织实施。切实加强监管,确保农村集体建设用地流转规范、有序进行。

(4)完善相关法律法规和配套政策。农村集体建设用地流转必须在法律法规和配套政策的框架内规范推进。为此,要严格执行现行法律法规,坚持有法必依,执法必严,稳定规范土地管理秩序。要完善相关法律法规和配套政策,深入总结近年来农村土地管理制度的新情况、新变化,对不适应新情况、新形势的法律法规和配套政策抓紧修改完善。

(5)加强指导稳步推进改革试点。已部署开展农村集体建设用地流转试点的地方,要进一步总结深化、不断完善。还不具备成熟经验和规范管理办法的地方,要先认真研究,拿出试点方案,多方论证,逐步开展试点。如需突破现行法律法规或配套政策,必须经过报批并做到"局部试验、封闭运行、结果可控",试点成功后方可在面上推广。

十三

农村扶贫开发

112. 我国新扶贫标准是多少？

从 2009 年起我国实行人均纯收入 1196 元的新扶贫标准，对农村低收入人口全面实施扶贫政策，覆盖扶贫对象 4007 万人。

我国在 2007 年前有两个扶贫标准，第一个是 1986 年制定的绝对贫困标准，把 1985 年农民年人均纯收入低于 206 元的农村人口定为扶贫对象，绝对贫困人口为 1.25 亿人，占农村总人口的 14.8%。后来此标准随物价调整，到 2007 年时为 785 元，人口减少到 1479 万，占农村总人口的 1.6%。第二个是 2000 年制定的低收入标准，即农民年人均纯收入在 865 元以下，在绝对贫困标准和低收入标准之间的为低收入人口，当时为 6213 万人，到 2007 年年底，低收入标准调整为 1067 元，低收入人口减少到 2841 万人。

2008 年年底，我国宣布上调扶贫标准，把绝对贫困标准与低收入标准合二为一，取消将农村绝对贫困人口和低收入人口区别对待的政策。2009 年起开始实施的人均纯收入 1196 元的新扶贫标准，是在 2007 年 1067 元低收入标准的基础上根据 2008 年度物价指数做出的最新调整。据国家统计局统计，2008 年在这个标准以下的扶贫对象为 4007 万人。扶贫标准随物价指数变动将进行年度动态调整。

113. 新扶贫标准意义是什么？

由于扶贫标准的调整，我国扶贫开发的首要对象从没有解决温饱的绝对贫困人口调整为新扶贫标准以下的全部人口，不再区分绝对贫困与低收入的概念；扶贫开发的首要任务，也不仅限于解决绝对贫困人口的温饱，而是尽快稳定解决扶贫对象温饱并实现脱贫致富。这意味着,今后我国完整的扶贫战略将由农村最低生活保障制度和扶贫开发政策两个重要部分组成。扶贫开发主要针对有劳动能力的贫困人口,而低保则主要是针对没有劳动力或劳动能力丧失的人口。低保是维持生存,扶贫开发是促进发展。对于因灾因病短期陷入贫困的农村人口,通过救济救助保障了基本生存,再通过扶贫开发,提高发展能力。

随着我国农村最低生活保障制度的全面建立和农村扶贫标准的提高,我国农村的扶贫工作进入了"开发扶贫与救助扶贫"两轮驱动的新阶段。

114. 新扶贫标准下,江西省的贫困人口是多少?怎样进行贫困识别和瞄准?

根据国家统计局的统计数据,在人均纯收入 1196 元的新扶贫标准下,江西省的贫困人口为 132 万。江西省的贫困识别分为四个层次,即国家扶贫开发工作重点县和比照西部政策县(共 41 个,其中 21 个国家扶贫开发工作重点县)、563 个省定扶贫开发工作重点乡(镇)、4269 个省定扶贫开发工作重点村、贫困户。这是国家和省级扶贫资金瞄准的基本范围,依据这个范围确定资金扶持的不同强度。贫困户是资金扶持的终极对象,全部资金的安排使用必须和贫困户相关,充分体现扶贫资金的"特惠制"性质。当然,各地也可从当地实际出发,扩大贫困识别范围,自筹资金予以扶持。

115. 什么是开发式扶贫?

根据《中国农村扶贫开发纲要(2001—2010 年)》阐述,开发式扶贫即在国家必要支持下,利用贫困地区的自然资源,进行开发性生产建设,逐步形成贫困地区和贫困户的自我积累和发展能力,主要依靠自身力量解决温饱、脱贫致富。扶贫工作从按贫困人口平均分配资金向按项目效益分配资金方面转变,从单纯依靠行政系统向主要依靠经济组织转变,从资金单向输入向资金、技术、物资、培训相结合输入和配套服务转变。

116. 为什么要坚持开发式扶贫方针?

坚持开发式扶贫为主的方针,既符合中国的国情,也符合扶贫的基本理论。我们面临的问题是要发展,要用发展来解决前进中的问题。最简单的扶贫方法就是给钱,这只能救急,不能救穷,不能从根本上解决贫困问题。而开发式扶贫方针,是相对传统救济式扶贫而言的,就是动员、鼓励、引导贫困地区的干部群众把自己的努力同国家的扶持有机地结合起来,通过开发自然资源和人力资源,发展生产,改善条件,增强自我积累、自我发展的能力,达到脱贫目的。

117. 当前扶贫开发有哪些重要举措?

温家宝总理在 2009 年《政府工作报告》中指出:"要完善国家扶贫战略和政策,加大扶贫资金投入,坚持开发式扶贫,重点抓好整村推进、劳动力转移培训、产业化扶贫和移民扶贫,稳定解决扶贫对象温饱问题并努力实现脱贫致富。"

江西省政府在 2009 年《政府工作报告》中明确要求:"扎实推进扶贫开发。着力办好 3 件实事:继续实施移民搬迁扶贫,完成深山区、水库库区、地质灾害频发区贫困群众 5 万人移民搬迁,启动小水库移民的解困工作。大力实施整村推进计划,重点抓好全省 3069 个重点村扶贫开发。推进农业产业化扶贫,安排 1000 万元扶贫项目贷款贴息资金和 1050 万元扶贫到户贷款贴息资金,扶持产业化扶贫龙头企业发展和产业化基地建设,扩大贫困村互助资金试点范围,帮助贫困农户通过发展生产增加收入、改善生活。"

118. 整村推进扶贫计划的工作内容是什么?

"十五"以来,江西省共确定了 4269 个("十五"1200 个,"十一五"1800 个,2008 年增补 1269 个)贫困村实施"整村推进"计划。平均每个村安排财政扶贫资金 50 万元以上,安排一个定点扶贫单位帮扶。在"整村推进"工作中,把不断提高扶持对象的自我发展能力作为扶贫开发的根本目标,把能力建设作为扶贫开发的根本任务。引入了参与式扶贫方式,以制订和实施村级扶贫规划为平台,不断强化贫困群众在扶贫开发中的主体地位,大力提倡"自己的家业自己创、自己的家园自己建、有困难政府社会帮"的自力更生精神,让贫困群众在参与开发的过程中不断增强自信、增长才干、增加收入,实现可持续发展。

按照"整村推进扶贫开发、构建和谐文明新村"的总体要求,统筹规划六大建设内容:一是改善基本生产生活条件的基础设施建设;二是调整产业结构和增加贫困群众收入的服务体系建设;三是提高贫困人口基本素质的社会事业建设;四是树立文明新风的精神文明建设;五是规范有序的民主政治建设;六是以村级班子为核心的基层组织建设。

119. 移民扶贫搬迁范围、对象及安置模式是什么?

实施移民搬迁扶贫的范围为江西省 41 个比照西部地区政策县。地域范围主要为地质灾害频发区和距公路 5 公里以上的深山区、水库库区。其水、电、路、教育、医疗等基础设施差,基本生产生活条件缺乏,生存环境恶劣;群众就医、就学、行路困难,信息闭塞,缺乏脱贫致富的基本条件;当地人口密度低,扶贫和行政管理成本高。

移民搬迁安置坚持集中安置与分散安置相结合,有土安置与无土安置相结合。鼓励并支持移民投亲靠友、自谋出路安置及有条件的到城镇或圩镇无土安家落户。

移民扶贫搬迁规划目标是通过以自然村或居住点为单位,将地处深山区、库区和地质灾害频发区的贫困群众整体搬迁出来,逐步完善安置区生产性基础设施建设和必要的社会公益设施,基本解决移民的生产生活问题。帮助移民实现生产生活方式和思想观念的转变,调动移民自力更生、自建家园的积极性,并通过有效扶持提高移民的综合发展能力。恢复和保护迁出区生态环境,促进当地经济社会可持续发展。最终实现"整体搬得出、长期稳得住、逐步富得起"的目标。

政府给予人均 3500 元的移民建房专项补助,补助资金以户为单位,及时发放到移民手中,主要用于搬迁建房。在实施移民搬迁扶贫的实践中,为了建设安置点基础设施与田土调整等事项,有些地方需要从移民建房专项补助资金中开支一部分资金,但到户建房补助资金每人不得少于 2500 元。

120. 产业化扶贫的扶持范围是什么？

扶贫项目贷款贴息资金集中支持有扶贫开发任务的市县发展扶贫主导产业；扶贫到户贷款贴息全部用于江西全省 21 个扶贫开发工作重点县发展扶贫主导产业基地建设；"贫困村村级互助资金"试点资金用于国家及省级试点贫困村建立互助资金组织，扶持贫困农户开展"一村一品"建设。

121. 扶贫贷款扶持产业化的操作步骤是什么？

扶贫贷款的发放。扶贫贷款的本金由承贷金融机构自行筹集，并独立审贷、自主放贷、承担风险。贷款利率由承贷金融机构根据央行利率管理规定和其贷款利率定价要求自主决定。贷款期限由承贷金融机构根据当地农业生产的季节特点、贷款项目生产周期和综合还款能力等灵活确定。

扶贫贷款的贴息政策。（1）贴息利率。扶贫贷款的贴息实行固定利率，其中扶贫到户贷款在贴息期内，按年利率5%的标准给予贴息；扶贫项目贷款在贴息期内，按年利率3%的标准给予贴息。（2）贴息期限。扶贫贷款的贴息期限以年度为单位核定，贷款期限不满一年的，按贷款实际期据实贴息。超过一年期限的扶贫贷款，经省级审核批准后方可继续在下年贴息资金计划中给予贴息，但最长期限不超过三年。（3）贴息方式。扶贫到户贷款的贴息方式由县根据实际确定，采取直接或通过承贷金融机构间接补贴给贷款农户两种方式均可。扶贫项目贷款的贴息采取直接补贴给项目单位的方式，由项目单位在贴息期末凭承贷金融机构放贷证明和结算单据报账后拨付。

122. 社会扶贫的形式有哪些？

（1）定点扶贫。主要是从国家到省、市、县的党政机关、国有企事业单位、科研院所、驻地部队等根据相应各级政府的统一安排，以"党旗引领致富路、携手共建新农村"为主题，在定点的贫困县或贫困乡村，从实际出发，发挥各自优势，以多种形式开展扶贫助困工作。

（2）党员干部结对帮扶，党员干部与贫困农户结成对子，"一对一"开展帮扶。

（3）非公有制经济扶贫。主要是与省工商联、省光彩会的合作，按照互利共赢的原则，通过扶贫优惠政策，引导非公有制经济人士到贫困地区创业发展，动员引导非公有制经济组织到贫困村开展结对帮扶，兴办社会公益事业，推进贫困农村的社会建设。

123. 什么是"雨露计划"？

"雨露计划"以政府主导、社会参与为特色，以提高素质、增强就业和创业能力为宗旨，以职业教育、创业培训和农业实用技术培训为手段，以促成转移就业、自主创业为途径，帮助贫困地区青壮年农民解决在就业、创业中遇到的实际困难，最终达到发展生产、增加收入，最终促进贫困地区经济发展。"雨露计划"的全面实施，标志着我国的扶贫开发工作由以自然资源开发为主，发展到自然资源开发与人力资源开发并举的新阶段。"雨露计划"培训以"订单培训"为主，培训内容要适应就业市场和用人单位的实际需要，根据培训内容确定培训时间，一般在 1 个月至 6

个月(部分贫困地区开展特困学生接受学历培训补助试点的时间可适当延长)。参加"雨露计划"培训的贫困户劳动力,由扶贫部门给予一定数额的培训费用补助。有培训需求的贫困户劳动力,可以向当地扶贫部门提出培训申请,由扶贫部门委托具备相关资质的培训机构开展培训。

十四
支持农民就业创业

124. 进城求职的农村劳动者能享受哪些免费就业服务?

除企业(单位)或组织吸纳进城求职的农村劳动者和返乡农民工就业可享受税费减免、岗位补贴和社保补贴等优惠政策外,进城求职的农村劳动者个人还可享受以下免费就业服务:(1)求职登记;(2)职业介绍;(3)职业培训。

125. 进城求职的农村劳动者如何办理求职登记手续?

进城求职的农村劳动者可持本人有效身份证件、毕业证件或职业资格证书和近期免冠照片等相关材料到县级以上劳动力市场或人力资源市场,乡(镇)劳动保障事务所办理求职登记手续,并按规定要求填写《求职登记表》。填表时应注意:①仔细阅读登记表中内容和填写要求,不明白的可以向工作人员进行咨询;②填写求职意向,即想从事什么样的行业或工种;③求职地区、劳动报酬、住宿条件、福利待遇等要求;④本人学历、职业资格和所受过的职业培训等情况;⑤在务工地的联系人、联系地址和联系电话。

126. 进城求职的农村劳动者可以通过哪些途径获得职业介绍等方面的就业服务?

进城求职的农村劳动者可通过以下四种途径获得职业介绍等方面的就业服务:①县级以上劳动力市场或人力资源市场,乡(镇)劳动保障事务所等公共就业服务机构;②县级以上人力资源和社会保障部门批准设立的各类民办职业介绍机构;③各级人力资源和社会保障部门开展的各项招聘洽谈活动;④各级就业信息网、劳动保障网、人才招聘网。

127. 进城求职的农村劳动者如何申请参加免费职业培训?

进城求职的农村劳动者可持本人身份证或户口簿复印件一份(出示原件)、本人近期一寸免冠照片 2 张等有效证件,到当地劳动保障事务所或县级以上人力资源和社会保障部门申请参加免费职业培训。

128. 什么是劳动预备制度?

劳动预备制度是指为提高青年劳动者素质,培养劳动后备军,促进青年劳动者就业,对城镇未能继续升学的初、高中毕业生,以及农村未能继续升学并准备从事非农产业工作或进城务工的初、高中毕业生等青年劳动者开展就业前职业培训和职业教育,使其取得相应的职业资格或掌握一定的职业技能后,在公共就业服务机构的指导和帮助下实现就业的一种制度。

129. 农村中哪些人可以申请参加劳动预备制培训?

农村未能继续升学且准备从事非农产业工作或进城务工的初、高中毕业生可以申请参加劳动预备制培训。

130. 进城求职的农村劳动者如何申请职业培训补贴?

进城求职的农村劳动者参加职业培训的,可根据其参加培训和就业状况,向职业培训所在地人力资源和社会保障部门申请职业培训补贴。

(1)进城求职的农村劳动者参加 6 个月以内培训,经考核合格后申请职业培训补贴的,可凭借职业培训补贴申请材料,直接向当地人力资源和社会保障部门提出申请,经相关部门审核后,人力资源和社会保障部门直接将补贴给个人。

(2)进城求职的农村劳动者中的应届初、高中毕业生参加 6 至 12 个月劳动预备制培训,且考核合格后申请补贴的,可采取由职业培训机构代为申请的办法,职业培训机构代为申请必须与申请人签订代为申请协议书。由职业培训机构凭借职业培训补贴资金申请材料,向所在地人力资源和社会保障部门提出申请,并附提供培训人员名单,代为申请协议,应届初、高中毕业生的毕业证书等相关材料。

131. 进城求职的农村劳动者如何申请职业技能鉴定补贴?

进城求职的农村劳动者参加培训后通过初次技能鉴定(限国家规定实行就业准入制度的指定工种)、取得职业资格证书的,可向所在地人力资源和社会保障部门申请职业技能鉴定补贴。并附件下列材料:本人《居民身份证》复印件、《就业失业登记证》复印件、职业资格证书及复印件、职业技能鉴定机构开具的行政事业性收费票据(或税务发票)等凭证材料。职业技能鉴定补贴的具体标准按国家和省规定标准的 50% 给予补助,但最低不少于 200 元/人。

132. 农村贫困生可以享受哪些"免费入读技工学校"政策?

从 2009 起,江西省将全面实施"资助农村贫困生免费入读技工学校"政策,每年资助 5000 名农村家庭人均年纯收入低于 1000 元的初、高中毕业生及其他困难家庭子女免费入读技工学校,政府给予每人每学年补助学、杂费 2000 元,补助期限为两年。

133. 农村贫困生如何申请享受"免费入读技工学校"优惠政策?

(1)农村户籍并且家庭人均年收入在 1000 元以下的贫困生须到所在村委会、乡镇人民政府和县扶贫办进行农村困难家庭子女资格认定。

(2)农村贫困生填写《江西省城乡困难家庭子女免费入读技校申请表》,并提供以下材料:①身份证原件及复印件;②户口簿原件及复印件;③经所在村委会、乡镇人民政府、县扶贫办认定的农村贫困生证明。

(3)县(市、区)人力资源和社会保障部门受理学生申请,审核通过后给学生发放代金券,并将人员名单汇总报送设区市人力资源和社会保障部门。由省人力资源和社会保障厅确定各技工院校承担城乡困难家庭子女免费就读任务,下发学生名册。

(4)技工院校根据学生名册寄送录取通知书,学生凭录取通知书和代金券报到,学校按规定减免学生学费。

134. 进城求职的农村劳动者如何签订劳动合同?

依法签订劳动合同是保障进城求职的农村劳动者合法权益的重要手段,进城求职的农村劳动者与用人单位签订劳动合同时应注意以下几点:

(1)学习《劳动法》。要熟悉了解《劳动法》的重要规定,如合同双方当事人的权利义务,劳动合同的订立、履行、变更、终止和解除,劳动保护和保险,法律责任等。

(2)了解对方的主体资格情况。对劳动者的年龄、文化和其他条件,对用人单位的用工资格、经营状况、信誉保障都要有所了解和确认。

(3)订立合同要条款齐备。合同中应订立齐全完备的条款,如名称、地点、时间、劳动规则、具体工作内容和标准、劳动报酬、合同期限、违约责任、解决争议方式、签名盖章等。

(4)其他注意事项。劳动合同应符合合法、自愿、协商一致的原则;注意合同生效的必要条件和附加条件(如签证、登记);合同至少一式两份,双方各执一份,妥善保管;双方在签订时如有纠纷,应通过合法方式解决。

135. 返乡农民工自主创业可享受哪些政策扶持?

可以享受项目支持、开业指导、创业培训、小额贷款、税费减免、场地安排、跟踪服务等一系列政策扶持。

136. 自主创业要做哪些准备工作?

一般来讲,自主创业前要做好以下几方面工作准备:(1)了解市场需求,选定创业项目;(2)参加创业培训,制订创业计划;(3)筹集创业资金;(4)了解相关法律政策,办理创业相关法律手续。

137. 什么是创业相关法律手续?

劳动者创办企业,在市场经济条件下获得市场准入许可,必须按照有关法律法规要求,办理相关手续才能开业。其创业手续主要是指行政许可、工商注册、税务登记、银行开户。

138. 什么是创业培训,如何申请参加政府补贴的创业培训?

创业培训是指由国际劳工组织研发、倡导,对有创业愿望和创业条件的人员提供创业技能培训、专家咨询、创业项目、融资贷款等创业培训服务,使其掌握创业相关知识与所需技能的一种培训模式。

有创业意向的返乡农民工可持本人身份证、户口簿等有效证件,到当地劳动保障事务所或县级以上人力资源和社会保障部门申请参加创业培训,并可以享受 1000～1600 元/人的创业培训补贴。

139. 返乡农民工创业如何申请小额贷款？

返乡农民工可以向项目所在地的乡镇劳动保障事务所或公共就业服务机构所属小额贷款担保中心提出申请。

140. 返乡农民工自主创业申请小额贷款，应当具备什么条件？

应当具备三个条件：（1）具有完全民事行为能力、年龄在 60 岁以内，身体健康，诚实守信，对创业有愿望、有技术、有项目、有一定自筹资金和合法稳定经营场所的自主或合作返乡农民工；（2）符合国家规定和有市场前景的创业项目；（3）能够提供符合规定的小额贷款反担保。

141. 创业人员申请小额贷款提供反担保的主要方式有哪些？

（1）列入地方财政预算的乡村以上干部、公职人员、教师员工、医务人员或者电信、电力、金融等有稳定收入的企业正式员工。（2）遵纪守法、诚实可信、有一定经济实力的 3 户以上农户，以联保方式提供反担保。（3）提供与下岗失业人员小额担保贷款相同的反担保措施。（4）在对返乡农民工进行评级授信的基础上，可以农户小额信用贷款方式予以支持。（5）以证照齐全的房屋产权、农户宅基地、水域滩涂、仓单、果园、土地承包权，地上收益权、林权、渔权、矿业权，机器设备、大件耐用消费品和有价证券以及注册商标、发明专利等无形资产作为抵（质）押物。

(6)加入农民专业合作社,由农民专业合作社提供保证担保。

(7)提供不违反法律规定、财产权益归属清晰、可用于担保的应收账款、仓单、股权、存单等权利质押。

142. 返乡农民工申领小额贷款的额度和期限是多少?

对自主创业的返乡农民工可由各级公共就业服务机构所属的小额贷款担保中心提供 5 万元以内的贷款担保,对合伙经营、组织起来创业的,小额担保贷款规模可扩大到 20 万元,属微利项目的由财政给予全额贴息;创办劳动密集型小企业,其新增岗位吸纳其他返乡农民工等失业人员达到规定比例的,可提供 200 万元以内的担保贷款,并给予 50% 的利息补贴。贷款期限一般不超过 2 年。

143. 返乡农民工在创业孵化基地内创业可以享受哪些优惠政策?

对安排在创业孵化基地内创业的返乡农民工,从创办之日起,3 年内免缴物管费、卫生费和治安费,1 年内减半缴纳房租水电费。

144. 返乡农民工自主创业有哪些税收和规费优惠政策?

返乡农民工从事个体经营的(国家限制新的行业除外),按照国家规定减免营业税、城市维护建设费、教育费附加和个人所得税。自在工商部门首次注册登记之日起 3 年内,免收管理类、登记类和证照类等有关行政事业性收费。

返乡农民工新创办的小型企业,按规定缴纳房产税、城镇土地使用税确有困难的,实行减半征收,对在生产经营中发生永久或实质性损害造成的财产损失,可抵扣当期的应纳税所得额,实行即报即批。

145. 什么是"阳光工程"?

"农村劳动力转移培训阳光工程"(以下简称"阳光工程")是由农业部、财政部等六部委共同组织实施,于 2004 年 4 月 7 日正式启动。阳光工程是政府对准备外出务工的农民提供就业前的一种技能培训项目,参加培训的农民可以享受一定数额的经费补助。江西省 2009 年已在 81 个县(国定贫困县除外)实施开展了"阳光工程"培训。

(1)如何报名参加培训。具有农村户口,年龄在 16 周岁以上,具有一定的文化基础,身体健康,有转移就业愿望的农村中青年劳动力或新增劳动力(不含在校学历生),凭本人身份证就近申请参加培训,获得项目资助。在同等情况下,对有培训就业愿望的农村贫困劳动力、农村妇女、失地无业农民、农村中计划生育家庭成员、未能升学的农村应届初高中毕业生和复员退伍军人可优先参加培训。每个农民只能享受一次政府资助的培训项目经费补助。

江西省实施阳光工程的 81 个项目县农业局都设立了阳光工程办公室,每年都会向社会公布一批培训基地,只要符合条件的均可凭本人的身份证,直接到向县阳光工程办公室或公布的培训基地咨询报名。

(2)参加培训享受的补助政策。根据培训的内容和时间不同,可以享受不同的学费减免。2008 年阳光工程培训时间在 20 ~30 天的,可减免学费 250 元;培训时间在 31 ~ 90 天的,可减免学费 360 元;培训时间在 91 天以上的,可减免学费 800 元。

(3)培训补助的形式。阳光工程培训补助采用发培训券的形式减免学费。培训券是一种代金券,上面注明了培训补助金额。学员报名后,需个人亲手填写姓名、身份证号等内容,参加培训后,凭此券可抵交相应的学费。

(4)培训内容。阳光工程培训主要是各地根据当地经济发展和工业园区用工特点,重点围绕地方特色产业和新农村建设需要,开展农产品加工、机械制造、电子电器、计算机应用、农机驾驶与维修、服装缝纫、建筑装饰、沼气技工、餐饮旅游等岗位技能培训,使受训农民熟练掌握一项非农产业岗位技能。

(5)培训结业。参加阳光工程培训的学员在培训结束考核合格后,获得培训机构发放的结业证书,可以通过培训机构推荐到当地工业园区或外地经济较发达地区就业,也可以自主择业,积极鼓励自主创业。

十五
新农村建设

146. 什么是社会主义新农村?

按照《中共中央国务院关于推进社会主义新农村建设的若干意见》(中发[2006]1号)的精神,我们要建设的新农村,是"生产发展、生活宽裕、乡风文明、村容整洁、管理民主"的新农村,是社会主义经济建设、政治建设、文化建设、社会建设和党的建设协调推进的新农村,是物质文明、精神文明、政治文明、生态文明共同发展的新农村,是富裕、民主、文明、和谐的新农村。它体现在五个"新"上:一是产业发展要形成新格局。加快建设现代农业,繁荣农村经济,提高农村生产力水平,是建设新农村的首要任务。二是农民生活水平要实现新提高。千方百计增加农民收入,改善消费结构,提高农民生活质量,是新农村建设的根本目标。三是乡风民俗要倡导新风尚。加强农村精神文明建设,发展农村社会事业,培养造就新型农民,是新农村建设的重要内容。四是乡村面貌要呈现新变化。搞好乡村建设规划,加强农村基础设施建设,改善农村人居环境,是新农村建设的关键环节。五是乡村治理要健全新机制。深化农村各项改革,加强基层民主和基层组织建设,创建平安乡村、和谐乡村,是新农村建设的有力保障。

147. 为什么要建设社会主义新农村?

建设社会主义新农村,对于贯彻落实科学发展观,实现"保增长、保民生、保稳定",从根本上解决"三农"问题,具有重大的战略意义,有利于提高农业综合生产能力,推进现代农业建设;有利于增加农民收入,繁荣农村经济;有利于发展农村社会事业,推进农村社会和谐稳定;有利于缩小城乡差别,实现全面小康。当前,我国已初步具备了建设新农村的条件。一方面,经过改革开放以来的快速发展,综合国力显著增强,有了支持保护农业、加大农村基础设施建设投入的经济基础。另一方面,近年来,在起点较高的基础上,党中央、国务院为改善农村生产生活条件出台了一系列更直接更有力的政策措施,特别是农村"六小工程"(节水灌溉、人畜饮水、乡村道路、农村水电、农村沼气、草场围栏等)建设进展顺利,成效显著,为新农村建设积累了有益的经验。

148. 社会主义新农村建设的总体要求是什么?

总体要求是"生产发展、生活宽裕、村容整洁、乡风文明、管理民主"。根据这一要求,到 2020 年,农村改革发展基本达到:农村经济体制更加健全,城乡经济社会发展一体化机制基本建立;现代农业建设取得显著进展,农业综合生产能力明显提高,国家粮食安全和主要农产品供给得到有效保障;农民人均纯收入比 2008 年翻一番,消费水平大幅度上升,绝对贫困现象基本消除;农村基层组织建设进一步加强,村民自治制度更加完善,农民民主权利得到切实保障;城乡基本公共服务均等化明显推进,农村文化进一步繁荣,农民基本文化教育权益得到更好落实,人人享有接受良好教育的机会,农村基本生活保障、基本医疗卫生制度更加健全,农村社会管理体系进一步完善;资源节约型、环境友好型农业生产体系基本形成,农村人居和生态环境明显改善,可持续发展能力不断增强。

149. 社会主义新农村建设的原则要求是什么?

主要有两个方面。一是五个必须坚持:坚持以发展农村经济为中心;坚持宪法规定的农村基本经营体制不动摇;坚持以人为本,着力解决农民群众生产生活中最迫切的实际问题;坚持科学规划,因地制宜、分类指导;坚持调动各方面积极性,依靠农民群众的辛勤劳动、国家扶持和社会力量广泛参与。二是"五要五不要":要讲究实效,不搞形式主义;要量力而行,不盲目攀比;要民主协商,不强迫命令;要突出特色,不强求一律;要引导扶持,不包办代替。

150. 新农村建设的基本途径是什么?

基本途径就是要按照科学发展观的要求,统筹城乡经济社会发展。关键是要建立五大机制:一是"工业反哺农业、城市支持农村"的长效投入机制;二是党和政府各工作部门合力、协调促进农村经济社会全面发展的工作机制;三是引导农民在国家政策扶持下发扬自力更生、艰苦奋斗,依靠自己辛勤劳动建设自己幸福家园的激励机制;四是引导全社会力量支持新农村建设的参与机制;五是逐步改变城乡二元结构的经济和社会管理体制。

151. 社会主义新农村建设的工作思路是什么?

江西省社会主义新农村建设基本思路是,努力做到"一全面四坚持",即:全面贯彻落实科学发展观。统筹城乡发展,统筹人与自然和谐发展,不断满足农民群众日益增长的物质文化需要,切实保障农民群众的经济、政治、文化权益,让发展成果惠及农村,实现城乡经济共同发展和社会全面进步。坚持把发展生产和富裕农民作为新农村建设的落脚点。以发展农村经济为中心,将发展生产摆在首位,着力形成生产发展新格局,努力使农村生产力水平有较大的提高。坚持把解决农民最关心、需要最迫切、受益最直接的问题作为新农村建设的切入点。开展村庄整治,实施"三清六改四普及"和"三绿一处理"(即清垃圾、清污泥、清路障,改水、改厕、改路、改栏、改房、改环境,普及沼气、普及有线电视、普及电话、普及太阳能,进行庭院绿化、道路绿化、村旁绿化、垃圾无害化处理)。坚持把加快农村社会事业发展作为新农村建设的着力点。加快发展农村教育、医疗卫生、文化、社会保障事业,积极推动群众性精神文明创建活动。坚持把深化农村改革、创新工作机制作为新农村建设的推进动力。深化农业经营和管理体制改革、农村综合配套改革、林业产权制度改革、农村金融体制改革、农村征地制度改革等;充分发展"民办、民管、民受益"的农民专业合作组织,提高农民的组织化程度;大力推行农民主体、政府主导、干部服务、社会参与的工作机制。

152. 省委、省政府对社会主义新农村建设的目标要求是什么?

《中共江西省委江西省人民政府关于推进社会主义新农村建设的实施意见》(赣发[2006]1 号)强调,按照中央的精神,结合江西的实际,江西建设社会主义新农村总的目标要求是:通过10～15 年的不懈努力,使广大农村逐步实现"五新一好"目标。即发展新产业,农业现代化水平明显提高,农民收入持续增长,实现生活宽裕；形成新机制，以农业产业化龙头企业、产业协会等为主体的农村合作经济组织充分发展，合作经济组织覆盖农户明显增加，农民组织化程度逐步提高，乡镇政府职能得到切实转变；建设新村镇，村镇建设纳入规划管理，农村生产生活设施和公共服务更加完善，村容镇貌显著改观；树立新风尚，加强农村民主政治建设和精神文明建设，加快社会事业发展，形成健康文明新风尚，促进社会和谐稳定；培育新农民，农村人力资源得到有效开发，农民整体素质不断提高，逐步成为守法纪、有文化、懂技术、会经营的新型农民；创建好班子，农村基层组织建设进一步加强，党组织的凝聚力、战斗力、创造力明显提高，基层政权真正做到科学执政、民主执政、依法执政，村党组织领导的充满活力的村民自治机制更加健全，基层干部真正成为农民群众的贴心人、组织农民创造幸福生活的带头人。

153. 社会主义新农村建设的基本原则是什么?

江西新农村建设坚持的五项基本原则是：一是立足当前，着眼长远。既要从群众最关心、最迫切需要解决的现实问题入手，又要扎扎实实地做好各项打基础、管长远的工作。二是统筹规划，试点推进。既要坚持规划先行，高起点搞好长远规划，统筹谋划好基础设施建设和生产生活等各项事业发展，又要从经济条件好、群众积极性高的乡村搞起，先易后难，分步实施，防止一哄而起、急于求成。三是因地制宜，量力而行。从不同乡村的实际出发，确定新农村建设的目标、任务、措施以及需要重点解决的问题，不搞齐步走、一刀切。四是依靠群众、惠及农民。充分考虑不同方面群众的切身利益和社会承受能力，尊重农民意愿，发挥农民的主体作用，维护好农民权益，使农民真正得到实惠，不搞形式主义,坚决防止农民负担反弹。五是讲究科学,突出特色。坚持按农村经济社会发展规律和自然规律办事,注重体现农村特点,传承地方优秀历史文化,实现人与自然和谐相处,不搞一个模式,防止千村一面、脱离农村实际。

154. 社会主义新农村建设的推进模式是什么?

江西的新农村建设以自然村为基本单元,采取省、市、县三级出资共建方式,每年在全省选择 1 万个左右的自然村进行试点。一是统筹兼顾。一般选择在 50 户左右、交通便利、自然条件和经济基础较好的自然村开展试点,通过一年的建设,使用试点村的基础设施、环境卫生、产业发展和社区建设产生明显的变化,让其他村的农民产生"我要建"的愿望。与此同时,每年在省定扶贫村选择 1000 个自然村开展试点,探索贫困村建设新农村的方法和模式。二是自主建设。为让更多的农民群众享受到新农村建设带来的实惠,许多市县在抓好省市县三级共建点的同时,自我加压,主动加大投入,增加建设点数量和规模,以满足农民群众过上美好生活新期待的强烈愿望。三是点面互动。在各村点开展建设的同时,结合下年度的选点工作,开展宣传发动,组织广大农村积极开展清路障、清垃圾、清淤泥等前期准备工作。许多市县用城镇化的理念推进新农村建设,实行整村推进、村镇联动,成片建设新农村,形成新农村建设的规模效应。

155. 社会主义新农村建设工作推进机制是什么?

推进机制是"农民主体,政府主导,干部服务,社会参与"。农民主体,就是尊重和突出农民的主体地位,维护和实现农民的知情权、参与权、管理权和监督权,调动和发挥农民的积极性、主动性和创造性,通过农民理事会的运作,让农民用高度的觉悟、群体的智慧和力量去实现自己的利益,成为共建共享社会主义新农村的主人。政府主导,就是统筹全省各方面的力量,整合有关部门资源,形成党委领导、政府负责、各部门共同支持社会主义新农村建设的工作合力。政府主导主要体现在组织领导、规划主导、资金整合、政策引导上。干部服务,就是发挥各级干部的带头作用,抓好部门推动、单位帮建和干部融入,通过组织各级干部下基层帮助新农村建设,向基层下派新农村建设工作团(队)和指导员,举办乡村干部培训班,提高各级干部服务社会主义新农村建设的认识和操作能力。社会参与,就是在广泛宣传、发动、动员的基础上,采取各种办法,调动一切积极因素,让社会各界参与到新农村建设中来,形成"工业反哺农业、城市支持农村"、全社会齐抓共管、各方面积极参与社会主义新农村建设的良好局面。

156. 江西省新农村建设的资金投入包括哪些?

为大力推进新农村建设,江西通过"两统筹和三不变"、"三共建"等方式,加大资源整合,把有限资源集中投向新农村建设,形成了"七个一点"的资金筹措模式。一是各级政府投一点。采取省、市、县三级共建方式开展新农村建设点工作,省、市、县三级财政每年通过预算安排一定比例的专项资金,同时将国有土地出让金的部分纯收益用于新农村建设。二是涉农资金捆一点。坚持项目资金使用性质、下达渠道和部门管理职责不变,通过衔接统筹整合农村公路建设、以工代赈、农村沼气、农业综合开发、小农水和农饮安全、"一村一品"、扶贫开发等涉农项目资金,用于新农村建设。三是受益群众出一点。对新农村建设点农户自家门前的道路硬化、整修房屋、美化庭院,以及部分改厕、改水等费用,要动员群众投资投劳。四是帮扶单位助一点。采取结对帮扶的工作机制,每个村点一般由一名县级领导挂点服务,1~3个县直单位包村结对,若干机关干部驻村帮建,各帮扶单位要在资金、人力、物力、技术和信息等方面,支持村点的新农村建设。五是社会各界捐一点。组织和动员民营企业家"致富思源,富而思进",做好村点外出人员和能人志士的宣传工作,争取他们的资金、物资支持。六是政策优惠减一点。出台政策,鼓励社会力量进入农村兴办产业和社会事业,政府应给予奖励和补偿,对农民和集体投入生产和设施建设的,可以给予财政贴息等。七是金融市场贷一点。全面推行农户小额信用贷款,主动帮助贫困农民搞好脱贫规划,发展农村消费信贷,提高农民消费水平。

157. 每个新农村建设村点政府投入多少钱?如何管理?

新农村建设政府投入分两块:一块是直接统筹资金,2009年江西省每个新农村建设村点的直接统筹资金投入是16万元,其中省级资金9.2万元,市级投入1.35万元,县级投入4.45万元,这16万元是基本数,每个村都不能少于16万元,各地可根据当地财政情况追加投入。另一块是衔接统筹资金,主要是将林业、农村沼气、农业综合开发、农村饮水安全、一村一品等涉农资金捆绑用于新农村建设,全省总资金是4.04亿元,这笔钱不是每个建设村点都有的,而是看建设点是否与这些项目进行衔接,如果衔接到位了,就有这笔资金。在这笔资金的使用上,是各个项目管理部门进行管理使用的。

　　新农村建设资金管理分两种形式:直接统筹资金由各级新村办牵头,会同有关项目主管部门负责管理。2009年,每个建设点必须保证16万元,不准打白条,更不准以任何理由截留、挪用,资金使用情况要进行村务公开。衔接统筹资金由相关项目管理部门各自负责管理,各级新村办参与项目计划的协调和资金的监管,实行"三不改变",即不改变各类资金的使用性质,不改变资金的下达渠道,不改变各部门的管理职责。

158. 新农村建设资金在使用上有哪些规定?

　　《2008年全省新农村建设试点配套资金管理办法》规定,新农村建设资金应投入到农民最关心、要求最急迫、受益最直接的项目建设上,主要用于新农村建设试点自然村进行村庄基础设施建设,生产生活条件改善、环境面貌整治和农业生产发展等方面。属于公益性的建设项目,以试点配套资金投入为主;属于半公益性的建设项目,由受益群众投资投劳与试点配套资金相结合;属于非公益性的建设项目,以群众投资投劳为主。直接统筹配套资金重点用于改路、改水、改厕三项,其次可以用于改房、改栏、改环境、推广沼气、推广太阳能等,未完成"三改"任务的,直接统筹配套资金不得用于其他建设项目。衔接统筹配套资金的使用应遵循各项目资金管理办法的有关规定,在确定的试点村范围和资金额度内,按不同项目资金的性质和适用范围进行开支使用,不得改变资金用途。所有试点自然村应先行规划,未完成规划的试点村不得拨付和使用试点配套资金。试点资金主要补助以下内容和环节:公共建设项目的规划设计费、材料采购费、必要的专业工人工资等;按规定的项目和标准对农户自我建设进行奖励、补助;大宗建设材料由政府制定优惠性指导价格并由试点村或试点村委托新村办实行采购的费用等。同时规定试点配套资金不准用于人员机构经费开支、不准用于兴建和维修村委会、村小组及新农村建设理事会办公用房，不准用于兴建和维修祠堂、门楼、长廊等。

159. 新农村建设村点的选点原则是什么？

2009 年江西省社会主义新农村建设点工作方案对新农村建设村点的选择提出了明确要求：各地可根据当地实际，自行确定基础村（30~50 户的自然村）和大村（100 户或 100 户以上的自然村）的村点比例；20 户以下的自然村一般不能单独作一个村点单位申报。申报大村，以 50 户为基数，按照一村多点方式进行。选报村点要遵循以下三个原则：一是农民自愿原则，农民建设新农村积极性高，有 90% 以上村民与理事会签订项目分类建设的投资投劳协定，并已动手开展了"三清"等前期工作；二是工作基础原则，村庄产业发展等基础条件较好，已经编制了村庄整治建设规划；三是项目衔接原则，尽量多选择已列入省直机关单位包扶贫困村、文明帮建村、一村一品示范村、农业综合开发项目区以及其他涉农项目实施点的村庄。

160. 什么是新农村建设村选点定点九步法？

九步法是江西新农村建设村选点定点的基本程序和步骤。一是广泛宣传发动，重点宣传新农村建设政策、目标任务和建设内容，充分调动农民参与新农村建设试点的积极性和主动性。二是筛选候选村庄。根据选点原则和农民群众意愿，按省定试点村计划数额的 1∶2 比例筛选确定候选村庄。三是深入调查摸底。组织衔接统筹项目资金主管部门、帮扶单位及挂点驻村干部,深入候选自然村进行调查摸底并依次分类排队,确定拟选试点自然村。四是选举理事机构。在拟选试点自然村组织召开群众大会或户主会议,民主选举产生农民理事会。五是制定试点规划。主要是编制村庄整治规划、产业发展规划、农村新社区建设规划和生态文明发展规划。六是确定建设项目。根据本村实际,确定试点建设项目。七是分项挖潜算账。根据确定的建设项目,分别做好各个项目的资金预算,明确各个项目农民应自筹多少钱,政府补助多少钱,社会可能帮扶多少钱。八是分户签订协议。根据建设项目和分项算账结果,与每户农民签订协议,规定各个项目的建设顺序、完成时间等细节,明确违反协议的后果。九是组织逐级申报。拟选自然村选点定点各项工作完成后,按照省里规定的申报程序和截止时间,采取村庄申请、乡镇初审、县级把关、设区市协调、省里确定的程序,自下而上逐级申报。省新农村建设领导小组办公室对各地上报的资料,及时审核批复,确定年度新农村建设点。

161. 新农村建设点确定后,是不是不会变动了?

一般来说,新农村建设点确定好了之后,只要建设点的农民积极性高、按规划和操作程序进行建设,这个建设点是不会变动了。但是,如果建设点的农民没有积极性,工作推不开、建设任务完不成,县级新农村建设办公室在进行再发动、再动员均无效的情况下,可以实行滚动管理,撤销该建设点,把这个建设点指标调整给其他有积极性且符合条件的村,同时向省市新村办报告,在得到批复后生效。建设点调整后,一切补助资金随之转移。

162. 社会主义新农村建设点主要包括哪些建设内容?

围绕中央和省委、省政府的战略部署,江西省注重抓好"生产发展、生活宽裕、乡风文明、村容整洁、管理民主"和"五新一好"有关建设,并在新农村建设点工作中突出三个重点:一是扶持产业发展。继续结合推进"双十双百双千"工程,大力发展乡村特色种养,加快绿色农产品生产基地建设,积极推进庭院经济、务工经济、"农家乐"旅游经济等,培植壮大专业大户和农民经纪人队伍,稳妥推进农民专业合作社建设和土地适度规模经营,加快农业实用技术推广和新农民培育步伐等,力争全省60%以上的新农村建设点形成"一村一品"产业,使点上农民增收走在全省前列。二是开展村庄整治。在着力解决"走平坦路、喝干净水、上卫生厕、住整洁房、用洁净能源"这五个农民最迫切要求解决的问题的同时,按照绿化净化美化的要求,推进村点"三绿一处理"建设,使村庄人居和生态环境得到明显改善。三是开展农村新社区建设。抓好村点社区党组织建设,健全村党组织领导的村民自治机制,完善农民理事会功能;积极开展"三培两带两服务"等工作;组织实施"新农村新家庭计划",开展群众性文化体育活动,促进乡风文明和管理民主。从而建成以和谐文化为主轴,以创业文化、科学文化、道德文化、群众文化和法制文化为覆盖,党群组织较完备、产业较发达、社会功能较齐全的农村新社区。

163. 什么是"三清"?

"三清"是指清垃圾、清污泥、清路障。清垃圾就是清理室内、厨房、房前屋后的生活和生产垃圾,进行集中处理,保持室内、厨房、卫生间干净整洁,墙上无蜘蛛网,无乱涂乱画和其他污物。清污泥就是清除房屋前后、沟道以及生产区、养殖区的污泥、粪便和杂物,并保持无污水滞留,沟道畅通无阻。清路障就是清除道路上的违章建筑,保持道路平整、干净,禁止在路上晾晒谷物和占道堆放秸秆等物,确保道路长期畅通。

164. 什么是"六改"?

"六改"是指改水、改厕、改路、改栏、改房、改环境。改水就是要结合农村饮水安全工程建设,推广使用卫生安全的自来水,使用小型供水设备抽取地下水或引山泉水。改厕就是要在农户住房建设和推广使用水冲厕,一般选用"三格式无害化"水冲厕或沼气池水冲厕。改路就是行政村通自然村主干道和村内便道的路面,要求村庄道路达到畅通平整、砖石砌沟、黏土夯实、卵石铺面,有条件的地方实行路面硬化。改栏是指拆除村庄中原有的旧畜禽栏舍,在村边建畜禽集中养殖区,做到人畜分离,达到村庄干净卫生的目标。改房就是房屋整修,以达到居住安全舒适、房屋整洁的目的,改房不是必改项目,不能强迫群众违反自己的意愿改房,但按照规划须拆除的"空心房"应及时拆除,保证一户一宅基地。改环境是指绿化美化、建排水沟、整治水环境、整治污染源、改建绿色篱笆等,使村庄生态环境和谐、景观优美。

165. 什么是"四普及"?

"四普及"是指普及沼气、普及太阳能、普及有线电视、普及电话。沼气是洁净能源,既可减少对森林的采伐,保护生态,又能增加粪便肥效,杀灭寄生虫,保持农民身体健康,普及沼气要在养殖业发展较好的地方开展。普及太阳能是指在政府引导下,坚持农民自愿的原则,在经济条件许可的农户,大力推广使用太阳能热水器。普及有线电视是指有条件的地方都应安装有线电视,缺乏条件的山村,可经主管部门同意,安装卫星天线。普及电话是指新农村建设村点应安装电话,发展无线通信和接通因特网、建设"信息村"。普及有线电视和电话一般采取市场化运作的方式进行。

166. 什么是"三绿一处理"？

"三绿一处理"是指农户庭院绿化、村庄道路绿化、村庄四旁绿化和垃圾无害化处理。农户庭院绿化指的是农户庭院内外和房前屋后都必须进行绿化,并把绿化美化庭院环境与发展庭院经济结合起来,以栽种常绿阔叶林、果树和苗木花卉等经济景观林木为主,同时引导农民拆墙透绿。村内道路绿化指的是村内主次干道两侧都必须种树,以种植吸尘效果好或有经济价值的常绿树种为主。村庄四旁绿化指的是村内空地和村旁宜林地都必须种树,以种速生林、常绿混交林、经济林、毛竹和果树等为主,形成环村生态防护林。

垃圾无害化处理主要指农村垃圾要做到减量化、资源化、无害化。减量化是指:所有的生活垃圾都必须分拣和分类处理,对于可回收利用的塑料橡胶、废铜烂铁、玻璃杯瓶等垃圾,要专门存放,进行回收;对于可转化利用的烂果菜根等食物类有机垃圾,要进行转化利用;对于不可回收、难以转化利用、无害无残留的生活垃圾,要采取就近焚烧后就简填埋等方式进行处理。资源化是指:在对生活垃圾分拣和分类处理的过程中,尤其要加大农村垃圾的转化利用。农村人畜粪便、腐烂果蔬、剩饭剩菜的处理要与沼气建设相结合;建筑垃圾中的碎砖碎瓦要与道路硬化相结合;稻草、杂草、树叶和塑料袋等要通过回田回林肥化、加工饲料化和使用户用气化炉等方式加以利用。无害化是指:对于难以在当地回收利用和有害有残留的废弃物,如废旧电池、医疗器械、农药瓶等垃圾,应采取户分类—村收集—县乡集中的办法进行无害化处理。农村生活污水的处理要与户用卫生厕的改造使用相结合。各新农村建设点都必须建设通畅的雨污排水系统,农民房屋前后要修排水沟,有条件的自然村和规模较大村庄应雨污分流,建设污水排放暗沟。城镇周边自然村的污水应纳入城镇污水收集管网。

167. 如何有序开展新农村建设点各项工作?

各建设点开展建设工作,一般要分三大阶段:

(1)准备阶段。按九步法进行操作。

(2)建设阶段。共有十项内容。一是开展"三清"(清污泥、清垃圾、清路障)。组织动员试点村农户、驻村干部、工作组成员,开展一次全面、彻底的"三清",达到"三无"标准,即无成片暴露垃圾、无污水横流、无明显路障。二是按规划拆除各类"空心房"。严格按照村庄规划,由理事会监督实施,根据签订的有关协议,农户自觉拆除空心房。同时,大力整顿乱堆乱放乱摆现象。三是建设家畜养殖区。按需分户规划兴建家畜集中养殖区,对家禽家畜实行圈养,做到人畜分离。养殖区应建在下水方和下风方向,建成后全面拆除破旧猪牛栏。四是改厕。改厕是改水冲厕,以户厕为主,一般不搞公厕,主要方式是新建"三格式"无害化厕所或沼气式卫生厕,改厕完成后拆除旧茅坑、厕所。

五是改水。按照国家生活饮水卫生标准及要求,通过水源改造和供水工程设施的建设,让农民用上清洁卫生方便的自来水。可以是打井取水,也可以是引山泉水,靠近城镇的地方提倡接城镇自来水。六是房屋整修(含内外墙装修、浆砌沿阶、水沟等)。根据理事会与农户签订的有关协议,由农民本人或组织施工队,对房屋进行整修。包括房屋内外墙、门窗的粉刷装饰、浆砌沿阶、排水沟等。七是改路。按照改路的技术标准和要求,坚持量力而行、适度超前的原则,硬化进村主干道和村内主要巷道及入户巷道。适当控制村内及房前屋后的硬化面积。八是绿化美化亮化。在搞好"三清四改"的基础上,对村庄内公共场地进行功能区分。规划建设便道,积极引导农户在村庄"四旁"(村旁、水旁、路旁、宅旁)进行绿化,美化家园。有条件的村内主干巷道和公共场所适当安装节能型路灯,实现亮化。九是垃圾无害化处理。各建设点要把垃圾处理作为新农村建设的重要内容。建设点的村民要自觉进行垃圾分类、分拣,减少垃圾出户量,能利用的利用,能回田回林的回田回林,能回收的回收。对于不可回收的、会污染环境的垃圾,要统一运到垃圾填埋场填埋处理。十是监督管理和账目公开。由县(市、区)新村办、乡村及村民理事会对建设项目质量、进度、资金、物质使用等情况进行登记造册、监控和管理,确保资金、物质的用途和效果。试点村各项建设工程完工后,理事会应及时向全体农户公开各类账目及明细表,接受农户监督。

(3)完善阶段。共有五项内容。即建立一个宣传栏(村规民约、新旧面貌对比图、理事会成员和职责、村庄规划图等);建立长效管理机制(卫生和公共场所管理);建立社区服务活动中心(文化、体育、休息等);整体推进"五新一好"新农村建设;做好各种资料的整理、归档。

168. 什么是社会主义新农村建设农民理事会？

新农村建设农民理事会是以实现新农村建设目标为主要目的,农民自我管理、自我教育、自我服务、自我建设和自我监督的一种新型村民自治形式。农民理事会的成立,是不断增强农民群众自我教育、自我管理、自我服务能力的需要,能使广大农民群众真正享有知情权、参与权、管理权、监督权,真正让农民当家作主,不断推进农村民主政治建设。

169. 农民理事会的建立有什么程序？ 主要职责是什么？

农民理事会以自然村为单位成立。一般由 5 ~ 7 人组成,从公道正派、懂经济、会管理、威望高的党员、村民代表、致富能手、妇女骨干和农村“五老”(老党员、老干部、老模范、老教师、老军人)中推选候选人,通过召开村民大会(户主会),采取差额选举和无记名投票方式选举理事会成员,会长由理事会成员推选产生。理事会设会计和出纳各一名,财务由会长一支笔把关。理事会成员只尽义务,不拿报酬,理事会经费来源主要靠集体经济收入、政府补奖和村民捐资。农民理事会的主要职责是,代表村民行使职能,当好新农村建设的宣传员、示范员、组织员、协调员和监督员。具体负责村庄规划实施,新农村建设资金筹集管理,工程建设质量监管,完善村组基础设施;听取并收集村民的意见和建议,协调解决村内各种矛盾纠纷;建立完善和监督执行村规民约、公共事务管理、公共场所卫生管理等各项长效管理机制;组织开展“创建文明和谐家庭、文明卫生庭院”等群众性评比活动,广泛开展宣传、文化娱乐、农业科普、社会互助等活动。

170. 农民理事会如何有效开展工作？

农民理事会有关重大事项决策和实施可按以下五步进行：第一步,农民理事提方案。新农村建设过程中的各项事情,由乡新村办、村委会提议,或 2/3 以上村民提议,或 3/4 以上的理事会成员提议,提请农民理事会讨论、研究形成初步方案。第二步,广泛公示听民意。将初步方案主要内容在村务公开栏进行公示,公示期一般为 5 天。公示期间,由理事会成员负责收集、整理村民意见。第三步,乡村评议作参谋。公示期满后,将公示内容及村民意见提交村委会及乡镇新村办进行评议,提出指导性意见。第四步,村民大会搞票决。理事会根据评议意见对初步方案进行修改,并组织召开村民大会,进行投票表决。必须有 2/3 以上村民同意,方案才能通过。第五步,民主监督抓落实。对村民大会决定的事项,理事会具体负责组织实施。乡新村办、村民代表对事项实施进行全过程监督,如在实施过程中有与大会决定不符的,可随时向理事会提出整改意见。

171. 新农村建设中农民要做什么？

农民是新农村建设的受益主体,更是建设主体。在新农村建设中,农民要做三件事:一是投工投劳。农村的公益事业,如清路障、清垃圾、清淤泥、改路、种树等都要农民投工投劳、农户自家的建设,如改房、改水、改厕等,必须是农民自己投工投劳。二是投资。根据近年来江西新农村建设的经验,建设一个新农村建设点,平均每户投入需要 1 万元,以每个村 50 户计算,需要 50 万元,因此,政府投入的 16 万元是远远不够的,需要农民自已投资。此外,农民的改房、改厕、改水等室内的投入,是要由农民自己投资。三是监督管理。就是对新农村建设中的项目质量、资金管理和合作等情况进行监督。

172. 农民在建制镇规划区内集体土地上建住房如何办理审批手续?

建制镇规划区指镇政府所在地(不含乡)的规划建设控制区域。根据《中华人民共和国城乡规划法》和《江西省村镇规划建设管理条例》,农民在建制镇、集镇规划区内建房应按以下程序办理审批手续:

(1)建房申请人在征得村(居)委会同意后,向镇人民政府提出书面建房申请,经村(居)委会征求四邻意见后张榜公示,无异议后报镇人民政府,填写《江西省村镇建房审批表》;

(2)镇人民政府村镇规划管理机构派员现场踏勘,提出初审意见报镇人民政府研究,同意建房的由镇人民政府报县级人民政府城乡规划主管部门核发《乡村建设规划许可证》;

(3)建房申请人凭《乡村建设规划许可证》到土地管理部门申请办理建房用地审批手续;

(4)建房申请人在办理了用地手续后,将有关证件、房屋设计图纸等资料交镇人民政府审查,由镇人民政府报县级人民政府城乡规划主管部门审核,对房屋的设计进行把关,符合建房条件的,通知建房申请人按规定交纳市政公用设施配套费等相关费用(可由镇人民政府代收);

(5)建房申请人在取得《乡村建设规划许可证》和建房用地审批手续后,开工前应经县级人民政府城乡规划主管部门或受其委托的镇人民政府村镇规划管理机构验证,并派员现场放线

定位,所选择的施工队伍或建筑工匠须报镇人民政府村镇规划管理机构备案;

(6)房屋施工过程中应接受县级人民政府城乡规划、建设主管部门和镇人民政府村镇规划管理机构依法进行的监督管理。

173. 农民在乡、村庄规划区内的集体土地上建住房如何办理审批手续?

(1)建房申请人向村(居)委会提出书面申请,经村(居)委会同意并征求四邻意见后张榜公示,无异议后报乡、镇人民政府审核,填写《江西省村镇建房审批表》;

(2)乡镇人民政府村镇规划管理机构派员现场踏勘,提出初审意见报乡镇人民政府研究,同意建房的由乡镇人民政府报县级人民政府城乡规划主管部门核发《乡村建设规划许可证》;

(3)建房申请人持《乡村建设规划许可证》到土地管理部门申请办理建房用地审批手续;

(4)建房申请人在办理了用地手续后将有关证件、房屋设计图纸等资料交乡镇人民政府审查,由乡镇人民政府报县级人民政府城乡规划主管部门审核,对房屋的设计进行把关,符合规划条件的,通知在集镇规划区内的建房申请人按规定交纳市政公用设施配套费等相关费用(可由乡镇人民政府代收,在村庄规划区内建房不收市政公用设施配套费);

(5)建房申请人在取得《乡村建设规划许可证》和建房用地审批手续后,开工前应经县级人民政府城乡规划主管部门或受其委托的乡镇人民政府村镇规划管理机构验证,并派员现场放线定位,所选择的施工队伍或建筑工匠须报乡(镇)人民政府村镇规划管理机构备案;

　　（6）房屋施工过程中，应接受县级人民政府城乡规划、建设主管部门和乡镇人民政府村镇规划管理机构依法进行的监督管理。

　　在历史文化名镇名村中建房，除应遵守上述规定外，还应当遵守有关法律、行政法规和保护规划的规定；在风景名胜区内的村镇建房，按风景名胜区管理的有关规定执行。

十六
农村公路建设

174. 农村公路建设由谁负责?

农村公路是指按行政等级划分的县道、乡道和村道公路。根据江西省交通运输厅2007年5月下发的《江西省农村公路建设管理办法》(赣交计字[2007]66号文件)规定,农村公路建设应由地方人民政府负责,其中:县道由所在县(市、区)人民政府负责建设或由县(市、区)人民政府组建项目法人(建设单位)负责建设;乡道由所在乡(镇)人民政府负责建设;村道是在当地人民政府的指导下,由村民委员会按照村民自愿、民主决策、一事一议的方式组织建设。

175. 农村公路建设项目如何立项?

农村公路建设项目主要分为行政村通达和通畅两类项目,其中:通达项目是指行政村所在地通公路的项目(要求公路路基宽度不少于4.5米),通畅项目是指行政村所在地的公路路面进行水泥或沥青硬化的项目。现由于农村公路建设项目各级补助资金的来源和渠道不同,农村公路建设项目的立项程序也存在一些不同,目前江西省农村公路建设项目立项申报程序如下:

(1)申请交通部门补助资金的项目。这类项目先由村向乡镇申请,并由乡镇向县级交通主管部门申报,县级交通主管部门对申报的项目进行审查后向市级交通主管部门申报,然后由市级交通主管部门向省交通厅申报,其中属于交通部资金补助的项目则由省交通厅审核后报交通部审批,若属于交通厅资金补助的项目则由省交通厅审批。目前交通部门补助资金的项目主要包括交通部的通达工程、省交通厅的新建通村砂石公路等项目。

（2）申请发改和交通部门共同补助资金的项目。这类项目先由村向乡镇申请，并由乡镇向县级发改部门和交通主管部门申报，县级发改部门和交通主管部门对申报的项目进行审查后向市级发改部门和交通主管部门申报，然后由市级发改部门和交通主管部门向省级发改部门和交通主管部门审批。目前发改和交通部门共同补助资金的项目主要是"十一五"国家农村公路改造工程项目。

176. 农村公路建设的资金补助标准如何？

目前江西省农村公路建设项目主要是"十一五"国家农村公路改造工程、交通运输部通达工程和省交通运输厅新建通村砂石公路等项目，具体补助标准如下：

（1）"十一五"国家农村公路改造工程项目：国家补助 10 万元/公里，省交通运输厅采取"以奖代补"形式补助 1 万元/公里，市县两级补助之和不低于 4 万元/公里。

（2）交通运输部通达工程项目：交通运输部补助 10 万元/公里，省交通运输厅采取"以奖代补"形式补助 1 万元/公里，路线上的新建桥梁补助标准为 30 米至 100 米范围内的补助 3000 元/延米，100 米以上的 4000 元/延米。

（3）省交通运输厅新建通村砂石公路项目：路基宽 4.5 米～6.5 米补助 2 万元/公里，6.5 米以上补助 3 万元/公里，路线上的新建桥梁补助标准为 30 米至 100 米范围内的补助 3000 元/延米，100 米以上的 4000 元/延米。

177. 农村公路如果出现工程质量问题怎么办？

农村公路项目建设如果出现质量问题可以向当地的交通主管部门或者交通质量监督站投诉。他们在调查核实情况后，将对项目建设单位提出整改要求，并对已施工路段提出补救措施。如果建设单位不按要求执行，可以采取扣除补助资金等措施。

178. 农村公路出现路况很差，该找谁？

目前江西省农村公路的管养单位有各设区市公路局、县交通局和乡镇和村，所以应首先应弄清楚该路的是那个单位管养的，然后向该路的管养单位反映。2007 年 6 月 27 日省政府根据国务院办公厅印发的《农村公路管理养护体制改革方案》精神，制定出台了《江西省农村公路管理养护体制改革实施意见》。根据该意见，明确了以县为主的农村公路管理养护体制。县级人民政府是本行政区域内农村公路管理养护的责任主体，负责组织筹集本行政区域内农村公路养护资金，健全相关规章制度，对本行政区域内农村公路养护工作负总责。

县(市、区)交通主管部门具体负责本行政区域内农村公路管理养护工作。其主要职责是：负责组织实施农村公路建设规划，编制农村公路养护建议性计划，筹集和统筹安排管理农村公路养护资金，监督考核所属公路管理机构的管理养护工作，检查养护质量，组织协调、检查考核乡镇人民政府农村公路养护管理及农村公路设施的保护工作。县(市、区)交通主管部门所属的公路管理机构具体承担县道的日常管理和养护工作，拟订农村公路养护建议计划并按照批准的计划组织实施，组织养护工程的招投标和发包工作,对养护质量进行检查验收,负责公路路政管理和路权路产保护;负责指导、监督乡、村道公路管理和养护工作,对乡、村道公路养护质量进行检查验收。

乡镇人民政府有关乡道、村道的管理、养护、保护以及养护资金筹措等方面具体职责,由县级人民政府结合当地实际确定。

179. 农村公路建设过程中出现乱集资、乱摊派的现象怎么办?

农村公路建设繁荣了农村经济、促进了产业结构调整,这本身是从根本上减轻农民负担、维护农民根本利益。在新时期,农村公路建设要继续坚持以人为本,顺应农民意愿,维护农民利益、减轻农民负担。一是做到"一事一议",不修农民群众不想修、不愿修的路;二是合法筹集建设资金,不强行摊派、集资;三是依法征地拆迁,不随意降低补偿标准;四是因地制宜,选择合理线形和技术标准,不随意征用农民宅基地和耕地;五是尽可能利用已有土源和料场,不乱采乱挖。各地要充分发挥农民群众的决策和行动主体作用,多方筹资,切实减少地方配套资金的缺口,努力解决由于农村公路建设造成的乡村债务、征地拆迁补助偏低和拖欠农民工工资等问题。对于出现乱集资、乱摊派,增加农民负担等情况,农村群众可向各级交通部门和纪检举报。

十七
活跃农村市场

180. 什么是"万村千乡市场工程"?

"万村千乡市场工程"是商务部在全国组织的以连锁经营等现代流通方式,在农村建设连锁化农家店,构建符合我国国情的新型农村商品流通网络,从而保障农民方便消费、放心消费、促进农村经济加快发展的一项工程。可以说,"万村千乡市场工程"是在农村构建现代商品流通网的一个形象提法。就是要推进现代流通的理念和方式下乡,在农村建设符合乡村实际情况的"农村超市"、"农村便利店"。

181. "万村千乡市场工程"建设方式有哪些?

(1)引导各类大中型流通企业直接到试点县(市、区)的乡村投资建设连锁农家店。

(2)鼓励各类大中型连锁企业通过吸引农村小型企业、个体加盟的方式,到乡村整合、改造农家店。

(3)支持各类中小型企业通过自愿连锁,即企业自愿结合,统一采购和配送、统一建立销售网络的方式建设与改造农家店。

(4)充分发挥供销合作社、邮政物流在农村流通中的优势和作用,重视和利用供销合作社、邮政物流等有实力的企业及其在农村的网点、网络,整合、改造农家店。

182. "万村千乡市场工程"目前的状况与目标怎样?

2005—2007 年,江西全省三年累计建设与改造连锁化农家店 10365 个,其中日用消费品农家店 8885 个,农业生产资料农家店 1480 个。带动社会投资 2.04 亿元,新增就业人员 17630 人,新增营业面积 36.5 万平方米,承办企业实现销售额 86.9 亿元(其中:农产品销售额 15 亿元,农家店新增销售额 18.1 亿元),创税 4113 万元。承办企业对日用品农家店平均配送率达 49.8%,对农资农家店平均配送率达 82.7%,

在"十一五"期间内,力争农家店在乡镇的覆盖率达到 95%,在行政村的覆盖率达到 70%;承办企业建立面向农家店的商品配送体系和信息化管理系统。

183. 为实施"万村千乡市场工程"制定了哪些政策措施?

《江西省人民政府办公厅转发省内贸办关于江西省"万村千乡市场工程"试点实施意见的通知》(赣府厅发[2005]56 号文)中,明确了实施"万村千乡"市场工程试点工作的政策措施。主要是:

(1)坚持内引外联,引导社会各方资金参与农家店建设。

(2)根据试点工作的进展情况,由省财政安排一定的配套资金支持"万村千乡市场工程"建设。

(3)试点企业在试点地区新办的独立核算的农家店,自开业之日起,报经主管税务机关批准,可减征或者免征企业所得税一年;建设的面向农家店的配送中心,经营所在地在农村的,不征城镇土地使用税。

(4)试点企业采用加盟方式改造的农家店,变更证照时,只收取变更证照工本费。

(5)支持农家店扩大经营范围。

(6)试点企业对农家店的进货、送货、销售等的标准化管理,所涉及的宽带联网、通讯等方面,有关部门应给予优惠。对农家店用电要优先确保。

(7)试点企业及其农家店运送鲜活农产品的车辆享受"绿色通道"政策。

(8)凡是总部统一配送商品的,由工商部门统一对配送中心的商品进行抽检,出现问题由总部承担责任。

184. 村级农家店的建设标准是什么?

基本要求:店铺营业面积 40 平方米以上,经营商品品种(单品)600 种以上,统一采购或配送率 40% 以上。国家级贫困县店铺营业面积 20 平方米以上,经营商品品种(单品)400 种以上,统一采购或配送率 40% 以上。

经营设施设备要求:(1)店堂内进行简洁装修,墙壁和地面便于经常清扫刷洗;店内通风、明亮。(2)有与经营商品相匹配的陈列货架或玻璃柜台。有条件的店铺提供顾客购物篮。(3)使用检定合格、未超过检定周期的计量器具。(4)有与连锁经营方式相适应的信息基础设施设备。(5)有消防设施或消防器材。

商品质量管理要求:(1)建立商品准入和可追溯制度,对进货渠道和供货商进行登记管理。(2)有避免散装食品、副食品受到污染的防护设施。(3)从配送中心以外购进食品,应通过企业认定的符合商品质量管理要求的供货商。(4)向顾客承诺不销售假冒伪劣商品。

商品结构和服务功能要求:所有村级农家店都应有日常生活必需品、食品、副食品、调料、洗涤用品等。有条件的店,可以为村民提供农副产品市场信息服务,小宗零星农副土特产品及废旧物资代购、代收,化肥、农药小包装或拆零供应服务以及相应的售后服务。

185. 乡级农家店的建设标准是什么?

基本要求:店铺营业面积200平方米以上,经营商品品种(单品)1500种以上,统一采购或配送率50%以上;国家级贫困县店铺营业面积100平方米以上,经营商品品种(单品)800种以上,统一采购或配送率40%以上。

经营设施设备要求:(1)店堂内进行简洁装修,墙壁和地面便于清扫和刷洗,店内通风、明亮。室外有与经营规模相应的停车位。兼有批发业务的应有与其业务相适应的仓储设施及管理人员。(2)有与所经营商品和经营规模相匹配的陈列货架或玻璃柜台,购物车、篮。(3)使用检定合格、未超过检定周期的计量器具,计量器具的数量应能充分满足经营的需要。所有计量器具应按国家规定定期送检,不准确的应停止使用。(4)有充分满足连锁经营需要的信息基础设施、设备。(5)配备消防安全设施或设备,保证消防安全设施齐全、完好、有效。

商品质量管理要求:(1)建立商品准入和可追溯制度,对进货渠道和供货商进行登记管理。(2)有避免散装食品、副食品受到污染的防护设施。(3)从配送中心以外购进食品,应通过企业认定的符合商品质量管理要求的供货商。(4)向顾客承诺不销售假冒伪劣商品。(5)建立商品质量责任制度。(6)涉及消费安全的商品通过质量认证。

商品结构和服务功能要求:所有乡镇级农家店都应有日常生活必需品、食品、副食品、调料、洗涤用品等。有条件的店,可以为农民提供农副产品市场信息服务,小宗零星农副土特产品及废旧物资代购、代收,化肥、农药小包装或拆零供应服务以及相应的售后服务。满足村零售店铺进货要求或业务技术指导的要求。能开展鲜活商品经营,为本地生产的达到质量标准的产品进超市提供途径。

186. 村级农资农家店的建设标准是什么?

基本规模:营业面积在 20 平方米以上。

经营管理要求:(1)经营化肥、农药、农地膜、种子、小型农机具、兽药饲料等农业生产资料在两大类以上,化肥、农药等两类农资商品的品种配送率在 70% 以上。(2)设在建筑的一层,与住宅分开,店堂内通风、明亮,墙壁和地面便于清扫;店面、店内标示必须是连锁企业的统一字号或形象。(3)商品按品类划分不同区域分类、分品种摆放,整齐美观,有与经营商品相匹配的陈列货架或柜台,根据所销售的商品情况,采取自由的售货方式。(4)使用检定合格的计量器具,并按相关规定定期送检;具有与连锁经营方式相适应的信息基础设备。(5)有与其经营的农资商品相适应的仓储设施、安全防护设施、措施。(6)店内明示对顾客的质量承诺,不得销售假冒伪劣商品。(7)销售的商品宜符合当地的种植结构,优先选择销售名牌产品。(8)建立商品准入和可追溯制度,统一配送及指定供货商的商品由连锁总部建立商品准入制度,对质量进行负责。农家店自行采购的商品要对进货渠道及进货商进行登记管理,对销售的商品质量负责。(9)执行国家物价管理政策,所有商品明码标价。(10)从业人员必须身体健康,无传染性疾病;定期参加连锁总部举办的培训,熟悉农资商品的性能和使用方法及相关知识,依法经营,依照连锁经营总部统一管理的规章,诚实守信;提供必要的农技服务和市场信息。

187. 乡级农资农家店的建设标准是什么？

基本规模：营业面积在40平方米以上。

经营管理要求：（1）化肥、农药及其他农资商品的大类齐全；经营化肥、农药、种子、农地膜、小型农机具、兽药饲料等农业生产资料在三大类以上，化肥、农药等二类农资商品的配送率在80%以上。（2）符合村级农资农家店经营管理2—10条的要求。（3）根据所销售的商品情况，采取柜台面售与开架相结合的售货方式，批零兼营。（4）有必要的运输工具，能为消费者提供大宗商品送货上门的销售服务；能为村级连锁店提供代购或批发、配送服务。（5）附设与其业务相适应的仓储库房。（6）从业人员需从事农资销售或农资服务2年以上。（7）为消费者提供农资市场信息和技术咨询服务功能，并根据消费者需求适时组织规模较大的农业技术服务、讲座等。

188. 什么是家电下乡？

家电下乡政策是深入贯彻落实科学发展观、积极扩大内需的重要举措，是财政和贸易政策的创新突破。主要内容是：引导和组织工商联手，将适合农村消费特点、物美价廉的家电产品销售给农民，并提供满足农民需求的流通和售后服务；对农民购买纳入补贴范围的家电产品给予一定比例的财政补贴。

189. 推广家电下乡有何意义？

推广家电下乡对于扩大内需、保持经济平稳较快增长具有重要意义。一是有利于拉动农村消费;二是有利于促进家电行业发展;三是有利于改善民生;四是有利于落实节能减排;五是有利于完善农村生产和流通服务体系。

190. 在哪里可以了解家电下乡的有关政策?

登录"江西商贸"网站可查询相关信息(http://www.jxsm.gov.cn)或全国家电下乡客服热线 400-887-3200。

191. 家电下乡产品是如何确定的?

家电下乡产品是在对农民消费需求调查的基础上,综合考虑以下方面因素确定的:一是大部分中低收入农民消费升级所需的大件消费品;二是产品单价较高,通过补贴能够有效调动中低收入农民购买积极性;三是产品的技术、性能比较成熟,生产厂家比较集中,售后服务体系比较完善,不会产生补贴产品购买后的质量、服务等纠纷;四是农民消费意愿较强,产品的销售增长潜力大;五是产品的生产能力大,对出口依存度高,外贸摩擦较多。

192. 目前家电下乡产品有哪些种类?

目前在江西省范围内统一实施的家电下乡产品品种有:彩电、冰箱(含冷柜)、洗衣机、手机、电脑、空调、热水器、微波炉和电磁炉共九类补贴产品。

193. 家电下乡工作实施时间如何？

　　江西省从 2009 年 2 月 1 日开始实施，至 2013 年 1 月 31 日结束，为期 4 年。

194. 家电下乡中标销售企业有哪些？

　　答：目前江西省家电下乡中标销售企业有 34 家：青岛海信营销有限公司、苏宁电器股份有限公司、青岛海尔销售公司、中国电信股份有限公司、康佳集团股份有限公司、TCL 集团股份有限公司、合肥美菱集团控股有限公司、深圳市天音通信发展有限公司、河南新飞电器有限公司、广东美的电器股份有限公司、上海中日家用电器有限公司、国美电器有限公司、星星集团有限公司、四川长虹电器股份有限公司、中国联合网络通信有限公司、中国移动通信集团江西有限公司、南昌齐洛瓦电器（集团）总公司、南昌洪城大厦股份有限公司、江苏白雪电器股份有限公司、联想（北京）有限公司、深圳创维－RGB 电子有限公司、珠海格力电器股份有限公司、奥克斯集团有限公司、青岛澳柯玛商务有限公司、六安索伊电器制造有限公司、江西联创光电科技股份有限公司、中国扬子集团滁州扬子空调器有限公司、广东志高空调有限公司、江西航天信息有限公司、同方股份有限公司、江苏春兰电子商务有限公司、浙江海利士电器有限公司、思创数码科技股份有限公司、方正科技集团股份有限公司。

195. 哪些人购买家电下乡产品可以享受补贴?

具有江西省农业户口并在家电下乡实施期间内购买补贴类家电下乡产品的所有人员可以享受补贴,但补贴发放不是按人而是按户进行。

196. 家电下乡产品补贴标准是多少? 有数量限制吗?

按照家电下乡产品最终销售价格的 13% 给予补贴。

每户每类家电下乡产品补贴数量不得超过 2 台(件)。

197. 家电下乡产品有限价规定吗? 各类产品最高限价是多少?

国家根据农民消费水平和消费需求,对家电下乡产品设定了最高限价,各型号家电下乡产品的最终零售价不得高于产品中标价格。

各类产品最高限价分别为:彩电单价不超过 2000 元;电冰箱(含冷柜)单价不超过 2500 元;手机单价不超过 1000 元;洗衣机单价不超过 2000 元;电脑单价不超过 3500 元;空调单价不超过 2500 元;微波炉、电磁炉和热水器单价待定。

198. 购买家电下乡产品需要注意哪些问题?

购买家电下乡产品需持本人身份证和户口本购买。购买时需要特别关注以下问题:(1)应事先了解家电下乡政策,确认要购买的家电下乡产品型号、最高限价(可查询 http: // www. jdxx. gov. cn 或致电 400－877－3200);(2)到省内家电下乡指定店购买;(3)购买时须持本人身份证和户口本;(4)索要正规税务发票;(5)购买产品开箱时,注意验证及保存产品标识卡,这是申领补贴的重要凭证;(6)购买产品后,请将标识卡上的卡号、条形码和购买人的个人信息告知网点销售人员,进行销售登记。

199. 购买家电下乡产品在哪里申领补贴?

到户口所在地的乡镇财政所办理补贴手续。

200. 申领补贴时需要提供哪些资料?

(1)填写"家电下乡补贴资金申报表";(2)购买产品的发票原件及复印件,发票在载明商品基本情况的同时,应加注购买人的姓名及身份证号码、家电产品专用标识卡号码;(3)购买人身份证明原件及复印件(居民身份证、户口本或公安户籍管理部门出具的证明);(4)补贴类家电产品专用标识卡;(5)购买人一卡通存折;(6)财政部门需要的其他材料。

201. 购买家电下乡产品后如何领取补贴?

销售网点应在农民购买家电下乡产品后三日内将销售信息录入家电下乡信息管理系统。在规定时间内,农民到户口所在地乡镇财政部门申报补贴。乡财政部门初核后,报县财政部门,县财政部门审核确认后,将补贴资金通过银行直接拨付到农民"一卡通"储蓄账户上。

202. 申领补贴需要审核的内容有哪些？

(1)销售单位是否是核准的家电下乡指定销售网点；(2)购买的产品是否是中标的生产企业产品；(3)购买人提供的身份证明与发票载明的是否一致；(4)发票价格是否在该产品规定的最高限价之内；(5)产品标识卡与购买产品是否一致；(6)每户每类产品购买数量不超过两台(件)；(7)其他应审核的内容。

203. 何时能领到补贴资金？

在购买人提交补贴申请后 30 个工作日内。

204. 是否一定要以户主的名称购买家电下乡产品？家庭中的其他成员可以购买吗？

购买人可以是户主，也可以是家庭中的其他成员，但申领补贴时提供的购买人和储蓄账户姓名一定要一致。

205. 农转非人员购买家电下乡产品是否能享受补贴？

不能。享受补贴的人必须具有农业户口。

206. 购买家电下乡产品开具的发票必须是正式的吗？

购买家电下乡产品必须要开具税务部门统一印制的正式发票才能申领补贴。

207. 如何保证家电下乡产品符合农村消费特点？

为使家电下乡产品符合农村消费特点，切实维护农民利益，商务部、财政部经过充分调研专门制定了家电下乡产品标准，在节能、环保、耐用、安全等方面提出明确要求。同时，引导企业通过简化不适合农村消费的功能和包装，降低生产成本，确保家电下乡产品质量可靠、价廉物美。从招标情况看，许多生产企业在保证产品质量的基础上，还增加了很多适应农村消费环境的新功能，如电冰箱的防鼠板、电冰箱平衡装置、手机的农村信息功能和洗衣机进排水管多次弯曲性能等。

208. 如何识别家电下乡指定销售网点？

商务部、财政部专门规定了统一的家电下乡销售门店标识（如下图），并要求销售网点在明显位置悬挂。

授权编号：赣- Z05400

家电下乡指定店

江西省家电下乡工作领导小组办公室

209. 跨区域购买家电下乡产品是否必须回到当地申领补贴？

根据家电下乡政策规定,凡在本省范围内购买家电下乡产品的可以享受补贴,但申领补贴必须回到户口所在地的乡级财政部门办理。

210. 如何保证家电下乡产品售后服务？

为了保证家电下乡产品售后服务,有关部门在企业中标协议中予以明确各销售企业必须严格执行国家"三包"规定。

211. 如何防止家电下乡骗补行为的发生？

一方面,为家电下乡产品设计了专门的产品标识卡(即产品身份证),作为农民领取补贴的依据。另一方面,通过家电下乡信息管理系统建立产品的可追溯体系,从生产到销售各环节全程动态跟踪,每台产品、每分钱的流向都有据可查,防止假冒伪劣产品及非家电下乡产品进入家电下乡流通体系,杜绝骗补行为的发生。目前,商务部、财政部已对试点使用的系统进行了调整,改进了功能,增加了客户端及密钥等安全保障,以提升系统的安全性、稳定性和可靠性。

212. 家电下乡产品如有质量问题如何处理？

消费者购买到家电下乡产品,如有质量问题,可联系原销售网点进行检修,检修不好的可以换货,但只能换相同品牌和型号的商品。对符合"三包"规定要求退货的,必须坚持先退补贴后退货原则,并按相关程序办理退货。

213. 购买人没有申领补贴的情况下如何办理退货?

销售网点首先核实购买人是否申报或领取补贴,对未申报补贴的,直接进行退货操作,登录退货信息,收回并销毁产品标识卡。

214. 购买人已申报补贴但未领取补贴资金的如何办理退货?

对已申报补贴备案但未领取补贴资金的,销售网点应立即帮助联系其申报补贴备案机构,注销该购买人的补贴申报备案信息后,再办理退货手续。

215. 购买人已领取补贴资金的如何办理退货?

对已领取补贴的,由销售网点向购买人出具《家电下乡补贴资金退还表》,会同购买人填写相关内容,购买人根据乡(镇、街道办事处)财政所提供的补贴资金银行账户,将领取的补贴资金缴入该户,在购买人办理补贴退还手续并得到原补贴备案机构审核签章后,最后据此办理退货手续,并逐笔建立退货记录,附上《家电下乡补贴资金退还表》原件、作废发票复印件(加盖企业营销印章),留存3年备查。

十八
人口和计划生育问题

216. 我国现行的生育政策是什么?

我国现行计划生育政策是:鼓励公民晚婚晚育,提倡一对夫妻生育一个子女;符合有关人口和计划生育规定条件的,可以要求安排生育第二个子女。

公民有合法生育的权利,也有依法实行计划生育的义务。夫妻双方在实行计划生育中负有共同的责任。公民实行计划生育的合法权益受法律保护。

217. 农村居民哪些情况下可以领取《再生一胎生育证》,怀孕并再生育一胎子女?

农村居民符合下列条件之一要求生育的,经批准可以再生育一胎子女:

(1)双方均为独生子女,只生育 1 个子女的;

(2)独生子女死亡的;

(3)只有 1 个子女,该子女经设区的市人民政府计划生育行政部门设立的技术鉴定组织确诊患有非遗传性残疾,不能成长为正常劳动力的;

(4)一方为革命烈士亲生独生子女或者二等乙级以上伤残军人,只生育 1 个子女的;

(5)双方均为少数民族,且居住在县级以上人民政府确定的少数民族聚居地,只生育 1 个子女的;

(6)再婚夫妻一方再婚前只生育 1 个子女,另一方未生育的;

(7)只生育 1 个女孩的;

（8）男方到无兄弟的女方家结婚落户只生育 1 个子女的,但女方姐妹有 2 人以上的,只能准许 1 人;

（9）一方为独生子女,且其父亲或者母亲亦无兄弟姐妹,只生育 1 个子女的;

（10）男方的兄弟均无子女并已丧失生育能力,只生育 1 个子女的;

（11）省人民政府计划生育部门根据法律、法规和国家有关规定批准的其他特殊情况。

218. 计划生育有哪些免费服务项目和服务机构?

（1）免费技术服务项目:发放避孕药具;孕情、环情检查;放置、取出宫内节育器及技术常规所规定的各项医学检查;人工终止妊娠术及技术常规所规定的各项医学检查;输卵管结扎术、输精管结扎术及技术常规所规定的各项医学检查;计划生育手术并发症诊治。

（2）免费行政服务项目:生育服务证,再生一胎生育证,独生子女父母光荣证,四项手术证明,新生婴儿申报入户证明,流动人口婚育证明,奖励扶助手续,有关表格、资料、宣传品等项目。

（3）各市、县制订的服务项目。

（4）服务机构:县(市、区)计生服务站、乡(镇)计生服务所。

219. 计划生育技术服务包括哪几个方面?

计划生育技术服务包括计划生育技术指导、咨询以及与计划生育有关的临床医疗服务。

（1）计划生育技术指导、咨询包括:①提供生殖健康科普宣传、教育、咨询;②提供避孕药具及相关的指导、咨询、随访;③对已经施行避孕、节育手术和输卵(精)管复通手术的,提供相关的咨询、随访。

(2)计划生育有关的临床医疗服务包括:①县级以上城市从事计划生育技术服务的机构可以在批准的范围内开展下列与计划生育有关的临床医疗服务:避孕和节育的医学检查;计划生育手术并发症和计划生育药具不良反应的诊断、治疗;施行避孕、节育手术和输卵(精)管复通手术;开展围绕生育、节育、不育的其他生殖保健项目。具体项目由国务院人口和计划生育行政部门、卫生行政部门共同规定。②乡级人口和计划生育技术服务机构可以在批准的范围内开展下列计划生育技术服务项目:放置宫内节育器;取出宫内节育器;输卵(精)管结扎术;早期人工终止妊娠术。

乡级计划生育技术服务机构开展上述全部或者部分项目的,应当依照相关规定,向所在地设区的市级人民政府计划生育行政部门提出申请。设区的市级人民政府计划生育行政部门应当根据其申请的项目,进行逐项审查。对符合规定条件的,应当予以批准,并在其执业许可证上注明获准开展的项目。

220. 乡级人口和计划生育技术服务机构申请开展计划生育技术服务项目时应当具备哪些条件?

(1)具有1名以上执业医师或者执业助理医师;其中,申请开展输卵(精)管结扎术、早期人工终止妊娠术的,必须具备1名以上执业医师。

(2)具有与申请开展的项目相适应的诊疗设备。

(3)具有与申请开展的项目相适应的抢救设施、设备、药品和能力,并具有转诊条件。

（4）具有保证技术服务安全和服务质量的管理制度。

（5）符合与申请开展的项目有关的技术标准和条件。具体的技术标准和条件由国务院卫生行政部门会同国务院人口和计划生育行政部门制定。

221. 申请领取《生育服务证》要具备什么条件？

申请领取《生育服务证》的夫妻应当符合下列条件之一：

（1）夫妻双方均系初婚未生育的；

（2）再婚夫妻再婚前均未生育的；

（3）夫妻婚后满 5 年未怀孕生育,经县级以上人民政府卫生行政部门指定的医疗、保健机构鉴定一方患不孕（育）症,依法收养子女后又怀孕的。

凭《生育服务证》享受免费基本项目的计划生育技术服务,接受生殖保健服务,未能及时领取《生育服务证》的,可以在分娩后的 6 个月内补领。

222.《生育服务证》由哪些机构受理、审批和发证？

受理《生育服务证》申请的机构是女方或男方户籍所在地的乡镇人民政府、街道办事处的人口和计划生育管理机构。受理《生育服务证》申请的乡镇人民政府、街道办事处的人口和计划生育管理机构应当及时将发证情况通知另一方户籍所在地的乡镇人民政府、街道办事处的人口和计划生育管理机构。

《生育服务证》由乡镇人民政府、街道办事处的人口和计划生育管理机构审批和发证。

发证部门对符合规定的《生育服务证》申请,必须在收到申请表之日起5个工作日内办理完毕。

223.《生育服务证》的申请、审批、发放程序有哪些?

(1)领取表格。申请一胎生育的夫妻到一方户籍所在地的村(居)委会领取《江西省生育服务证、再生一胎生育证申请表》。

(2)填表、核实。申请生育的夫妻应当如实填写表格中规定的全部栏目,签上姓名,贴一张女方一寸免冠照片(另需再准备一张同样照片办证用),并将申请表送双方所在单位(没有工作单位的送其户籍所在村、居民委员会)核实。双方所在单位或村(居)民委员会应当对夫妻中在本单位工作的一方或户籍在本村(居)民委员会的一方的情况进行进一步的核实,并在核实之后提出初步意见,由主管领导签名和加盖公章,以明确责任。

(3)签发。申领《生育服务证》的夫妻凭结婚证、身份证和经村(居)委会或单位签字盖章的《江西省生育服务证、再生一胎生育证申请表》到一方乡(镇)人民政府、街道办事处人口和计划生育管理机构申领《生育服务证》,其中,属于"婚后五年未怀孕,经县级以上人民政府卫生行政部门指定的医疗、保健机构鉴定一方患不孕症,依法收养子女后又怀孕的"必须同时携带办理收养的有关文件、证明和医院的妊娠诊断证明。

224. 申请领取《再生一胎生育证》需具备什么条件? 哪些机构受理、审批和发证?

申请领取《再生一胎生育证》的夫妻必须符合《江西省人口

与计划生育条例》第九条规定的情况。

受理《再生一胎生育证》申请的机构是女方户籍所在地的乡（镇）人民政府、街道办事处的人口和计划生育管理机构。

对夫妻双方都是农民的《再生一胎生育证》申请，经县级人口和计划生育行政部门同意，可以由女方户籍所在乡（镇）人民政府的人口和计划生育管理机构审批并发证。

属于特殊情况申请《再生一胎生育证》的，按《特殊情况的夫妻申请再生育一胎的审批制度和程序》规定上报，由江西省人口和计划生育委员会审批，批准后由县级人口和计划生育行政部门发证。

225.《再生一胎生育证》的申请、审批、发放程序有哪些？

（1）领取表格。申请再生育一胎的夫妻，到女方户籍所在地村（居）委会领取《江西省生育服务证、再生一胎生育证申请表》。

（2）填表、核实与张榜公布。申请生育的夫妻应当如实填写表格中规定的全部栏目，签上姓名，贴一张女方一寸免冠照片（另需再准备一张同样照片办证用），并将申请表送双方所在单位（没有工作单位的送其户籍所在村、居民委员会）核实。双方所在单位或村（居）民委员会应当对夫妻中在本单位工作的一方或户籍在本村（居）民委员会的一方的情况进行核实和张榜公布，并在核实和张榜公布无举报意见之后提出初步意见，由主管领导签名和加盖公章，以明确责任。

（3）申请、审批和发放。申请再生一胎的夫妻凭结婚证、户口簿和双方所在村（居）委会或单位签字盖章《江西省生育服务证、再生一胎生育证申请表》到女方户籍所在地乡（镇）人民政府、街道办事处人口和计划生育管理机构申请。对双方都是农民的夫妻的再生一胎申请,经县级人口和计划生育行政部门同意由乡(镇)人口和计划生育管理机构审批的,在经集体研究通过后,可以直接发放《再生一胎生育证》,并按月报县级人口和计划生育行政部门备案。

226.《生育服务证》和《再生一胎生育证》的有效期是多久?

《生育服务证》和《再生一胎生育证》的有效期为一年零六个月。有效期内未生育的,应当在有效期期满之前到原发证部门办理延期手续,延长期限视申请延期孕妇的预产期适当延长确定;对尚未怀孕的延长期限定为一年零六个月。一次办证可延期多次。办理《生育服务证》的延期手续必须以现行《条例》的有关规定为依据。

227. 特殊情况的夫妻申请再生育一胎的审批原则是什么?

同时符合以下几个条件的,可以考虑作为特殊情况批准其再生一胎;凡有其中一条不符合的,不予考虑。

(1)与现行人口与计划生育法律、法规和政策没有明显抵触的;

(2)情况确实特殊,不会引起群众攀比的;

(3)证明其"情况特殊"的各种证明材料完备、齐全、真实的;

(4)夫妻双方所在单位的群众、所在单位、乡(镇、街道)人

口和计划生育机构和县级人口和计划生育行政部门都认为应该
作为特殊情况予以考虑的。

228. 患有哪些疾病的婴儿被称为病残儿?

病残儿是指因先天(包括遗传性和非遗传性疾病)或后天患
病、意外伤害而致残,目前无法治疗或经系统治疗仍不能成长为
正常劳动力的。

凡认为其子女有明显伤残或患有严重疾病,符合法律、法规
规定条件,要求安排再生育的,均可申请病残儿医学鉴定。

229. 哪些人外出前须办理《流动人口婚育证明》?

(1)离开户籍所在县(市、区)的行政区域(同一城市的区与
区之间流动不在此列);

(2)拟异地居住 30 日以上;

(3)年龄在 18 周岁至 49 周岁之间;

(4)从事务工、经商等活动(探亲、访友、就医、上学、出差等
除外)。

230. 如何办理《婚育证明》?

《婚育证明》由流动人口户籍所在地的县级人口和计划生育
行政部门或者乡(镇)人民政府、街道办事处(以下简称发证机
关)办理。

申领《婚育证明》,应当填写《办理〈流动人口婚育证明〉申
请表》,并向发证机关提交下列证明材料:(1)本人的《居民身份

证》和复印件;(2)所在村(居)民委员会或者单位出具的婚育情况证明;(3)本人近期一寸正面免冠照片两张。

已生育子女的,应当提交由施术单位或者人口和计划生育部门出具的落实避孕措施情况证明;计划外生育的,还应提交缴纳社会抚养费情况证明。

231. 流动人口婚育情况发生变更怎么办?

(1)持证人婚育情况发生变更的,应当在 30 日内到现居住地验证机关办理变更登记;并由本人在 3 个月内到原发证机关办理变更登记手续,或者以其他形式告知原发证机关。

(2)现居住地验证机关应当对持证人的婚育变更情况在其《婚育证明》中如实记载,并及时将情况通报其户籍所在地的发证机关。

(3)发证机关在得知持证人婚育变更情况后,应当及时在管理档案中予以记录。

(4)办理变更登记不得要求当事人换领新证。

232. 外出务工人员来不及办理《婚育证明》怎么办?

现居住地在查验《婚育证明》时,对未持有全国统一格式《婚育证明》者,应要求其在规定期限内补办。在限期补办期间,现居住地可为其办理临时《婚育证明》。

未办理《婚育证明》,符合下列条件的,可由现居住地人口和计划生育部门办理《婚育证明》,并将办理情况通报其户籍地:(1)经核实,婚姻、生育信息完整、准确的;(2)在现居住地依法办理暂住登记或居民登记 1 年以上,并具有稳定职业和住所的;

（3）已采取绝育措施的。

现居住地为流动人口办理的《婚育证明》，在办证机关所在县（市、区）范围和规定期限内有效。

233. 跨省务工人员可否在现居住地办理生育服务证件？

跨省流动人口夫妻拟生育第一个子女，符合下列条件之一的，可由现居住地人口和计划生育部门按照现居住地有关规定办理生育服务证件：（1）男方为现居住地的户籍人口，女方因婚姻事实迁入现居住地或所生子女可随父落户的；（2）夫妻双方在现居住地共同居住1年以上，有稳定的职业和住所，且具有常住倾向的。

现居住地在为流动人口办理生育服务证件前，应向其户籍地了解有关情况，户籍地应在30日内予以情况反馈；办理生育服务证件后，现居住地应及时向其户籍地乡（镇）或街道计划生育工作机构通报有关情况。流动人口生育子女的户籍登记，按户籍管理有关规定执行。

234. 跨省流动人口在现居住地办理一孩生育服务证件，应提交哪些证明材料？

（1）夫妻双方的《居民身份证》；

（2）夫妻双方的《结婚证》；

（3）《婚育证明》或户籍地乡（镇）、街道人口和计划生育工作机构为其出具的婚育情况证明；

（4）夫妻双方要求生育第一个子女的申请。

235. 计划生育利益导向扶助对象有哪些扶助措施?

（1）国家农村部分计划生育家庭奖励扶助制度。奖励条件按国家规定执行。

（2）实施城乡独生子女伤残、死亡家庭特别扶助制度。扶助条件按国家规定执行。

（3）农村独女、二女家庭计划生育补充养老保险制度。具备以下条件之一：①农村独女户家庭；②农村二女户家庭，2008 年一月以后夫妇双方中落实了绝育手术的一方；③以往生育一女一男，后男孩死亡而成为一女户家庭夫妇双方中落实了绝育手术的一方。

（4）计划生育家庭爱心保险。

（5）对农村不再生育的独女家庭和已实行绝育措施的二女家庭实行国家新型农村合作医疗（简称新农合）保险扶助。具备以下条件之一：①农村一女户家庭领取了《独生子女父母光荣证》的；②农村二女户家庭夫妇双方已有一方实行了绝育措施的。从 2008 年 1 月 1 日起享受新农合扶助。

（6）对农村主动放弃生育二胎并领取了《独生子女父母光荣证》的夫妻给予一次性奖励。同时具备以下条件：农村家庭；符合生育二胎政策，主动放弃再生育并领取了《独生子女父母光荣证》；现女方年满 45 周岁。

236. 计划生育家庭特别扶助对象是哪些人?

我省城镇和农村独生子女死亡或伤、病残后未再生育子女家庭的夫妻。特别扶助对象应同时符合以下条件：

(1)1933 年 1 月 1 日以后出生；

(2)女方年满 49 周岁；

(3)只生育一个子女或合法收养一个子女；

(4)现无存活子女或独生子女被依法鉴定为残疾,伤病残达到三级(含三级)以上。

237. 计划生育家庭特别扶助标准是多少?

(1)独生子女(含收养子女)死亡后未再生育也未再收养的夫妻,按每人每月不低于 100 元的标准发放扶助金,直至亡故为止。

(2)独生子女(含收养子女)伤、病残后未再生育也未再收养的夫妻,按每人每月不低于 80 元的标准发放扶助金,直至亡故或子女康复为止。

在城乡居民最低生活保障制度的家庭收入核算时,计划生育家庭特别扶助金不计入扶助对象的家庭收入;计划生育家庭特别扶助金不冲抵其他方面的优惠和补助。

238. 计划生育奖励扶助对象和确认程序有哪些?

本人及配偶均为农业户口或界定为农村居民户口;自江西省 1973 年实行计划生育以来没有违反计划生育法规、规章和政策规定生育;现存一个子女或两个女孩或子女死亡现无子女;年满 60 周岁。

符合奖励扶助对象条件的农民个人提出申请,填写《申请表》,提供本人身份证复印件和户籍簿复印件;村(居)民委员会审议,村(居)民代表会讨论并在村张榜公示;乡(镇)人民政府

(街道办事处)初审并在村级张榜公示;县级人口计划生育行政部门审查确认并在村级张榜公示;市级人口计划生育行政部门审核,按不低于30%的比例进行质量抽查,并予以批复。

239. 农村居民实行计划生育有哪些奖励优惠政策?

(1)只有一个子女或两个女孩的农村计划生育家庭、夫妻年满60周岁,按每人每年不低于720元的标准发给奖励扶助金,直至死亡。已超过60周岁的,以该制度在当地开始执行时的实际年龄为起点发放。

(2)对领取《独生子女父母光荣证》的夫妻,从发证之日起至独生子女14周岁止,每月发给独生子女父母奖励费。

(3)对农村已领取了《独生子女父母光荣证》的0—6周岁独生子女家庭和农村二女户家庭(第二个女儿)每年办理一次30元的计划生育家庭爱心保险。

(4)对农村主动放弃生育二胎的农村独女父母和二女家庭父母中施行了绝育手术的一方,办理不低于3000元的计划生育补充养老保险金。

(5)对农村不再生育的独女家庭和二女户家庭参加国家新型农村合作医疗个人出资部分,全部由财政负担。

(6)对农村经济困难的计划生育纯女户考取大学的女孩,除按规定优先享受困难补助外,另每人再补助2000元。

(7)对农村领取《独生子女父母光荣证》的家庭子女及二女户子女中考享受加10分的政策优惠。

(8)对农村主动放弃生育二胎、并领取了《独生子女父母光荣证》的夫妻给予一次性奖励。奖励标准由各地根据实际情况制订,其中省财政按每户2000元的标准给予补助。

(9)对符合国家独生子女伤残、死亡家庭扶助制度规定并经确认的夫妻双方,分别按照每人每年 960 元和 1200 元的标准发给扶助金。

240. 农村领取《独生子女父母光荣证》家庭有哪些优惠政策?

(1)对持有《独生子女父母光荣证》的夫妻,从其领证之日起至独生子女 14 周岁止,每月发给独生子女父母奖励费。

(2)夫妻一方为国家工作人员、事业单位和各类企业职工,另一方为农民或者城镇无业居民、个体工商户的,独生子女父母奖励费由国家工作人员、事业单位和各类企业职工所在单位负担。

(3)夫妻均为农民,独生子女父母奖励费由乡(镇)人民政府、街道办事处解决。如确有困难,不能按月发给独生子女父母奖励费的,可适当减免其义务工、或村一事一议的集资款,还可以优先安排其到乡(镇)、村办企业工作或采取其他途径优先帮扶其发展生产等。

(4)对终身只生育 1 个子女或者婚后终身无子女的农民或者无业人员,可给予一次性投保奖励,或者在其年老丧失劳动能力时,由当地人民政府和集体经济组织通过各种形式给予适当的经济补助和生活上的照顾。

(5)优先列为重点扶持对象,在扶贫项目、资金、技术等方面给予照顾。

(6)在劳务输出时优先安排其家庭劳动力。

(7)多增加 1 人份的集体福利分配份额。

(8)九年义务教育期间,学校可对独生子女学生酌情减免杂费。

(9)在分配承包土地、帮助发展生产和审批宅基地等方面优先照顾,独生子女的宅基地按两人计算。

(10)当地人民政府规定的其他优待政策。

241. 计划生育举报内容有哪些?

(1)违反人口和计划生育法律法规超生子女的;

(2)施行非医学需要的胎儿性别鉴定和选择性别的人工终止妊娠手术的;

(3)施行假节育手术,进行假病残儿医学鉴定,出具假计划生育证明的;

(4)虚报、瞒报、伪造、篡改人口和计划生育统计数据的;

(5)截留、挪用、贪污、私分社会抚养费、人口计划生育专项经费或罚没收入的;

(6)在再生育审批、计划生育奖励扶助、优先优惠政策兑现中弄虚作假的;

(7)其他严重违反人口和计划生育法律法规及工作纪律规定的。

242. 计划生育举报奖励标准是多少?

举报案件经查证属实的,按照下列标准对署有真实姓名、身份证明、单位或住址的举报人进行奖励。

(1)举报内容为违反人口和计划生育法律法规超生子女的、施行假节育手术,进行假病残儿医学鉴定,出具假计划生育证明的,虚报、瞒报、伪造、篡改人口和计划生育统计数据的、在再生育审批、计划生育奖励扶助、优先优惠政策兑现中弄虚作假的、其他严重违反人口和计划生育法律法规及工作纪律规定的,奖励举报人应不低于 1000 元。

(2)举报内容为截留、挪用、贪污、私分社会抚养费、人口计划生育专项经费或罚没收入的,奖励举报人应不低于 2000 元。

(3)举报内容为施行非医学需要的胎儿性别鉴定和选择性别的人工终止妊娠手术的,奖励举报人应不低于 3000 元。

243. 哪种情况需要缴纳社会抚养费?

不符合《人口与计划生育法》和《条例》规定生育(以下简称计划外生育)子女的公民,以及为他人计划外生育提供帮助而非法收养子女的公民,应当依法缴纳社会抚养费。

244. 农村居民社会抚养费征收的标准是多少?

农村居民的社会抚养费征收标准,以县级人民政府统计部门公布的当事人计划外生育的子女出生前一年本县(市、区)农村居民年人均纯收入为计征基数;当事人实际纯收入高于前述农村居民年人均纯收入的,以实际纯收入为计征基数。

当事人实际可支配收入、实际纯收入,由县级人民政府计划生育行政部门负责核实;县级人民政府计划生育行政部门可以委托乡(镇)人民政府或者街道办事处核实。

(1)计划外生育一胎子女的,根据不同情形,按照下列标准向双方当事人分别征收社会抚养费:①不符合《条例》第九条第一款规定的条件再生育的,按本规定计征基数的 3.5 倍征收;②符合《条例》第九条第一款规定的条件,但未申请领取《再生一胎生育证》生育的,按规定计征基数 3.5 倍的 10% 征收;③符合《条例》第九条第一款规定的条件,但经查实,进行了非医学需要的性别选择性引产后,再怀孕生育的,按规定计征基数 3.5 倍的标准征收;④双方当事人均无配偶,一方或者双方未达到法定婚龄怀孕生育第一胎的,按规定计征基数 3.5 倍的 50% 征收;⑤双方当事人均无配偶,双方均已达到法定婚龄,但未履行婚姻登记手续怀孕生育第一胎的,按规定计征基数 3.5 倍的 30% 征收;⑥重婚生育、有配偶者与他人生育第一胎的,按规定计征基数的 7 倍征收。

(2)计划外生育二胎以上子女的,根据不同情形,从第二胎开始,按照规定计征基数的 7 倍或 14 倍向双方当事人分别征收社会抚养费。

(3)为他人计划外生育提供帮助而非法收养子女的,对非法收养人,按规定计征基数 3.5 倍的 50% 征收社会抚养费;对计划外生育的双方当事人,根据其计划外生育的具体情形,按前面的规定征收社会抚养费。

(4)计划外生育子女的当事人一方为城镇居民,另一方为农村居民的,分别按各自标准征收社会抚养费。

(5)计划外生育子女 3 个月以内未向当地乡(镇)人民政府或者街道办事处报告的,属于隐瞒计划外生育行为,对计划外生育的双方当事人,按应缴数额的 110% 征收社会抚养费。

(6)对于不符合规定的条件再生育或者重婚生育的农民家庭,除按规定征收抚养费外,5 年内不得享受集体福利。

245. 当事人在外地受到计划生育处罚或已缴纳社会抚养费,回原地后是否还要受罚或缴纳?

当事人因同一事实在一地已受到处罚或被征收社会抚养费

的,不因同一事在另外一地再受处罚或被征收社会抚养费。当事人在一地的罚款或社会抚养费缴纳不到位的,另一地可协助将罚款或社会抚养费征收到位。

246. 已婚育龄妇女不按规定接受避孕节育检查如何处理?

违反《条例》第三十条规定,已婚育龄妇女不按规定接受避孕节育情况检查的,由县级以上人民政府人口和计划生育行政部门给予警告,并责令限期改正。对阻碍育龄妇女接受孕情检查的,处 200 元罚款。对替代他人参加环情、孕情检查的,处 200 元罚款;有违法所得的,没收违法所得。

247. 计划生育工作在哪种情况下由公安机关介入?

有下列情形之一,违反《中华人民共和国治安管理处罚条例》的,由公安机关依法处罚:

(1)虐待生育女孩的妇女、采取绝育措施的妇女或者不育妇女的;

(2)拒绝、阻碍计划生育工作人员依法执行公务的;

(3)以殴打、侮辱、诽谤或者故意毁坏其财物等方式对计划生育工作人员进行报复的。

十九
农村教育

248. 农民子女接受义务教育可以享受哪些资助政策?

为了保障适龄儿童少年按时接受并完成九年义务教育,在义务教育阶段全面实行免交学、杂费,免费提供教科书和补助家庭经济困难寄宿生生活费的"两免一补"政策。所有的农民子女读小学、初中既不用交学、杂费,也不用交书费,家庭经济困难的小学、初中寄宿生还可以申请生活补助费。寄宿生生活补助费的标准是小学生每生每学年 500 元;初中生每生每学年 750 元。

249. 农村小学、初中寄宿生申请生活补助费有什么条件?

符合下列条件之一的小学、初中寄宿生可以申请生活补助费:(1)持有当地民政部门出具的特困证、卡或低保证的农村特困群众子女;(2)父母双亡,无任何经济来源;(3)父母一方已故,造成家庭经济困难;(4)父母双残或单残,造成家庭经济困难;(5)不可抗拒的天灾人祸,造成家庭经济困难;(6)家庭成员久病无钱医治,造成家庭经济困难;(7)父母中有弱智或精神不正常,造成家庭经济困难;(8)学生本人残疾,造成家庭经济困难;(9)人口较多导致家庭经济困难;(10)其他原因造成家庭经济困难。

250. 申请寄宿生生活补助费的程序是什么?

每年秋季开学初由学生本人或学生家长根据申请条件向所在学校提出书面申请,领取并如实填写《江西省义务教育阶段学校寄宿生生活补助费申请表》和递交相关证明材料,由学校会同村委会成立有学生家长代表和教师代表参加的评审小组,按照有关政策和具体办法评审后张榜公示接受群众监督。

251. 农民子女上普通高中可以享受哪些资助政策?

为了帮助家庭贫困学生顺利完成普通高中学业和进入高等学校学习,我省建立了"普通高中贫困家庭学生政府助学金"和"贫困家庭学生高考入学政府资助金"制度。

252. 申请"普通高中贫困家庭学生政府助学金"和"贫困家庭学生高考入学政府资助金"有什么条件?

符合以下条件之一者均可以申请:(1)持有当地民政部门出具的有效特困证、卡或低保证的农村特困群众和城市低保子女;(2)父母双亡,无任何经济来源;(3)父母一方已故或单亲家庭,造成家庭经济特别困难;(4)父母双残或单残,造成家庭经济特别困难;(5)因不可抗拒的天灾人祸,造成家庭经济特别困难;(6)家庭成员久病无钱医治,造成家庭经济特别困难;(7)父母中有弱智或精神不正常,不能劳动者,造成家庭经济特别困难;(8)学生本人残疾,造成家庭经济特别困难。

253. 如何申请"普通高中贫困家庭学生政府助学金"?

"普通高中贫困家庭学生政府助学金"的资助对象是全日制普通高中,其中包括民办普通高中在校家庭经济困难学生。补助标准是每生每学年800元。申请时间是每学期开学初。申请程序是:贫困家庭学生根据申请条件,向所在学校申请,并递交《江西省普通高中学生政府助学金申请表》和相关证明材料。

254. 如何申请"贫困家庭学生高考入学政府资助金"?

"贫困家庭学生高考入学政府资助金"的资助对象是当年考取全日制普通高等学校的家庭经济困难考生(包括社会考生)。资助标准是每生一次性5000元人民币。申请时间是每年高考报名时。申请程序是:在校应届、历届高中生在高考报名时凭有关证明向所在学校提出申请,并递交《江西省贫困家庭学生高考入学政府资助金申请表》和相关证明;社会考生在高考报名时凭相关证明向所在地市(县)学生资助管理中心提出申请,并递交《江西省贫困家庭学生高考入学政府资助金申请表》。

255. 农民子女接受中等职业教育可以享受哪些资助政策,如何申请?

为了鼓励广大学生接受中等职业教育,由中央和地方政府共同出资设立了"中等职业学校国家助学金"。"中等职业学校国家助学金"的资助对象是具有中等职业学校(中等职业学校是指政府有关部门根据国家有关规定批准设立并实施中等学历教育的各类职业学校,包括公办和民办的普通中专、成人中专、职业高中、技工学校、职业技术学院附属的中专部和中等职业学校),全日制正式学籍的在校一、二年级所有农村户籍的学生和县镇非农户口的学生以及城市家庭经济困难学生。资助标准是每生每年1500元,主要是资助受助学生的生活费开支。

"中等职业学校国家助学金"按学年申请和评定,按月发放。

学校应将《中等职业学校国家助学金申请表》及《中等职业学校国家助学金申请指南》随同入学通知书一并寄发给录取的新生。新生和二年级学生在新学年开学一周内向就读学校提出申请，并递交相关证明材料。

256. 农民子女上大学可以享受哪些资助政策？

近年来，国家不断建立完善高校资助政策体系，保证让每一名学生不因家庭贫困而辍学。只要你的子女考上大学，无论是公办大学、民办大学还是独立学院，都能享受国家规定的资助政策。一是国家奖学金。国家奖学金每学年 8000 元。二是国家励志奖学金。国家励志奖学金每学年 5000 元。三是国家助学金。国家助学金分为 3000 元、2000 元和 1000 元三个档次，平均资助金额为 2000 元。在申请国家奖学金时，同时还可以申请国家助学金；在申请国家励志奖学金时，同时也可以申请国家助学金，但不可同时申请国家奖学金和国家励志奖学金。四是生源地信用助学贷款。生源地信用助学贷款每人每年最高贷款 6000元，在校期间的贴息和风险补偿金由国家财政和地方财政负担，学生毕业后贴息和本金由学生本人承担偿还，偿还时间最长不超过 14 年。

257. 国家奖学金的申请条件是什么？

凡是在根据国家有关规定批准设立、实施高等学历教育的普通本科高校、高等职业学校和高等专科学校中，特别优秀的全日制本专科（含高职、第二学士学位）二年级以上（含二年级）的在校学生，学生无论家庭经济是否困难，只要符合以下条件的，均可以向所在高校申请获得国家奖学金:(1)热爱社会主义祖国,拥护中国共产党的领导;(2)遵守宪法和法律,遵守学校规章制度;(3)诚实守信,道德品质优良;(4)在校期间学习成绩优异,社会实践、创新能力、综合素质等方面特别突出。

258. 国家励志奖学金的申请条件是什么?

凡是在根据国家有关规定批准设立、实施高等学历教育的普通本科高校、高等职业学校和高等专科学校中,品学兼优、家庭经济困难的全日制本专科(含高职、第二学士学位)二年级以上(含二年级)的在校学生,符合以下条件的,均可以向所在高校申请获得国家励志奖学金:(1)热爱社会主义祖国,拥护中国共产党的领导;(2)遵守宪法和法律,遵守学校规章制度;(3)诚实守信,道德品质优良;(4)在校期间学习成绩优秀;(5)家庭经济困难,生活俭朴。

259. 国家助学金的申请条件是什么?

凡是在根据国家有关规定批准设立、实施高等学历教育的普通本科高校、高等职业学校和高等专科学校中,家庭经济困难的全日制在校本专科(含高职、第二学士学位)学生,只要符合以下条件,可以向所在学校申请获得国家助学金:(1)热爱社会主义祖国,拥护中国共产党的领导;(2)遵守宪法和法律,遵守学校规章制度;(3)诚实守信,道德品质优良;(4)勤奋学习,积极上进;(5)家庭经济困难,生活俭朴。

260. 生源地信用助学贷款的申请条件是什么?

生源地信用助学贷款学生本人与父亲或母亲为共同借款人向户籍所在地县(市、区)教育局学生资助管理中心申请。凡是普通高等学校(含民办高校和独立学院)全日制本专科生(含高职生)、第二学士学位学生和研究生,具备以下条件可以申请生源地信用助学贷款:(1)家庭经济困难;(2)具有中华人民共和国国籍,年满16周岁的需持有中华人民共和国居民身份证;(3)具有完全民事行为能力(未成年人申请国家助学贷款须由其法定监护人书面同意);(4)诚实守信,遵纪守法,无违法违纪行为;(5)学习努力,能够正常完成学业;(6)学生本人入学前户籍、其父母(或其他法定监护人)户籍均在本县(市、区)。

261. 返乡农民工接受职业教育有哪些政策?

返乡农民工参加职业教育培训,不仅有利于提高职业能力,实现就业再就业和创业,而且对促进城乡的发展与稳定、构建社会主义和谐社会都有重要的作用。各级政府鼓励和支持中等职业学校面向返乡农民工开展职业教育培训。

中等职业学校面向返乡农民工实施学历教育,招收具有初中学历的,学制原则上三年(含顶岗实习一年);招收具有高中学历的,学制为一年(含顶岗实习半年)。全日制正式学籍的在校一、二年级所有农民工可以享受“中等职业学校国家助学金”资助政策。毕业时,成绩合格颁发中等职业教育学历证书。

二十

农村医疗卫生

262. 什么是新型农村合作医疗制度?

新型农村合作医疗制度是由政府组织、引导、支持,农民自愿参加,个人、集体和政府多方筹资,以大病统筹为主的农民医疗互助共济制度。

263. 为什么要建立新型农村合作医疗制度?

我国有 13 亿人口,其中多数生活在农村,大部分农民为自费医疗群体,疾病经济负担沉重,"因病致贫、因病返贫"问题十分突出。为了减轻农民的疾病经济负担,缓解农民"因病致贫、因病返贫"的问题,2002 年 10 月,《中共中央国务院关于进一步加强农村卫生工作的决定》(中发[2002]13 号)明确提出各级政府要积极引导农民建立以大病统筹为主的新型农村合作医疗制度,到 2010 年,这一制度要基本覆盖农村居民。新型农村合作医疗制度是我国政府为提高农民的健康和医疗保障水平而进行的积极探索,是建设社会主义新农村和构建社会主义和谐社会的重要内容,并作为国家"十一五"发展规划的硬指标,受到了各级党委和政府的高度重视。

264. 参加新型农村合作医疗对农民有什么好处?

人难免不得病。据专家研究,农民医疗费用如达到个人年收入的 70% ,就可能因病致贫。如果一个家庭有一人得了大病,就可能拖累全家,对生产生活造成影响。农民参加新型农村合作医疗,首先是个人得益。从最低标准看,一年交 20 元钱,如果一旦得病,最高补偿可达到 3 万元,是个人交费的 1500 倍,即使 10 年患一次病,也有数倍。如果仍有较大困难,还可以申请医疗救助。其次,新型农村合作医疗有政府扶持,政府支持的资金超过农民个人的出资,如果农民不参加,也是一种损失。再次,即使自己不得病,也等于帮助了乡亲,做了一件善事,今后自己有病,还有机会补偿。如果一生不得病也不吃亏,这是最大的福气,是最合算的。

265. 为什么要农民出资参加新型农村合作医疗?

这是新型农村合作医疗互助共济的性质决定的。享受新型农村合作医疗保障是要承担相应义务的,只有承担相应的义务,才能享有得到政府资助的权利。有人提出,为什么不由政府设立一个基金解决群众就医问题? 实际上,新型农村合作医疗已经体现了政府和集体的资金扶持,但政府和集体的资金是有限的,只有让大多数人参加进来,才能扩大新型农村合作医疗的资金筹集能力。因此,除贫困人口外,对有能力的农户,应引导其自己出资参加新型农村合作医疗。即使少数经济条件较好的地方,也不应该由集体把农民应出资的部分包起来,否则农民还是不能养成自觉参加社会保障制度的习惯,农村医疗保障制度也就不可能真正建立起来。

266. 为什么新型农村合作医疗要以农民自愿参加为原则?

农民参加新型农村合作医疗以自愿为原则,不是法定义务,不能硬性要求农民参加。这是由目前农村经济发展水平决定的。允许农民自愿参加,就不会人为加重农民负担,避免把好事办成坏事。然而新型农村合作医疗的性质又要求有一定数量的人参加才能正常运作,因此,农村基层组织要积极引导农民参加新型农村合作医疗保障制度,一方面要做好宣传、教育和发动工作,讲清互助共济的意义;另一方面,要根据财力状况给予扶持,引导农民参加。

267. 为什么新型农村合作医疗筹资不属于增加农民负担?

新型农村合作医疗是农民互助共济的医疗保障,农民自愿交纳的新型农村合作医疗费属于农民个人消费性支出,不是农民负担项目,农民为参加新型农村合作医疗、抵御疾病风险而履行缴费义务不能视为增加农民负担。这些资金完全用于农民医疗保障,而且政府和集体还要给予资金扶持,将大大减少农民的负担。

268. 什么人能够参加新型农村合作医疗? 要办那些手续? 有什么权利和义务?

持有农村户口的农民(包括外出务工、经商的农民)均可以在户籍所在地以户为单位参加新型农村合作医疗。参加新型农村合作医疗手续简单,每年年底,按通知到村委会登记和交纳下年度参合自缴费用就行了。参合农民有按政策获得医药费用补偿、对新农合基金使用进行监督和管理、对违规行为进行制止和举报的权利和义务。2009 年每位参合农民年筹资水平达到 100元,中央、省、市、县财政对每位参合农民的补助资金分别为 40

元、34 元(省直管县 37 元)、3 元(省直管县 0 元)和 3 元,农民参合自缴经费为 20 元。

269. 参合农民看病如何获得新型农村合作医疗的补偿?

开展了门诊统筹试点工作的县(市、区)的参合农民在乡、村定点医疗机构门诊就诊,按当地规定的补偿比例直接减免部分门诊医疗费用。没有开展门诊统筹试点工作的县(市、区)参合农民在县内定点医疗机构使用家庭账户资金减免医疗费用。

在县内定点医疗机构住院,实行直补,即参合农民出院时由定点医疗机构对其发生的医疗费用和规定的补偿材料进行初审,按实施方案向参合农民垫付应补助的金额。在县外开展了直补的定点医疗机构住院,同样按上述方法获得新型农村合作医疗补助。在非直补医院住院治疗则需要回当地新型农村合作医疗经办机构获得补助。外地务工、经商的参合农民在工作地住院,出院后向医院索取相关资料,回乡时到农医所进行补偿。

270. 参合农民住院补偿需要携带哪些资料?

新农合证、身份证(16 岁以下小孩除外)、户口本、出院小结和疾病诊断证明书、转院证明、有效住院发票和费用清单原件。

271. 2009 年新型农村合作医疗统筹基金补偿方案是什么?

江西省参合农民在乡、县级定点医疗机构、县(市、区)外定点医疗机构和非定点医疗机构住院的补偿比例分别为75%、60%、40%和30%,起付线分别为100元、300元、600元和800元。各地根据基金筹集和使用情况,对县、乡两级定点医疗机构补偿比可在此基础上上下浮动5%。住院补偿封顶线3万元。

272. 儿童为什么要接种疫苗?

预防接种是预防控制传染病最经济、最简便、最有效的方法,也是增强儿童抵抗力、保障儿童健康成长的一项重要措施。《中华人民共和国传染病防治法》和《疫苗流通和预防接种管理条例》都明确规定:国家实行有计划的预防接种制度。国家对儿童实行预防接种证制度。因此家长有义务也有责任让儿童接种国家免疫规划疫苗。

273. 疫苗是如何分类的? 免费的疫苗有多少种?

疫苗分为两类:一类疫苗包括卡介苗、乙肝疫苗、小儿麻痹糖丸、百白破疫苗、麻疹疫苗(含麻疹成分的联合疫苗)、白破二联疫苗、乙脑疫苗、A群流脑疫苗、A+C群流脑疫苗,部分县甲肝疫苗和麻腮风疫苗,该类疫苗免费接种,要求每位儿童如果没有禁忌,均必须注射;一类疫苗外的其他疫苗均为二类疫苗,二类疫苗费用由受种者自己承担,接种遵循知情、自费、自愿、安全、有效的原则。

274. 儿童接种疫苗前应需要注意什么?

(1)必须带上《预防接种证》。医生凭证接种,并在证上登记接种的疫苗名称和日期,以防止错种、重种和漏种。

(2)注意孩子近几天有无发热、拉肚子、咳嗽等,如果患有心脏、肝脏、肾脏疾病、癫痫病(俗称"羊痫风")或者发生过惊厥等,一定要告诉医生,让医生决定能否打针。

(3)如果孩子在前一次接种后出现了发高热、抽搐、尖叫等反应,或有荨麻疹、哮喘等过敏反应,都要告诉医生。

(4)接种前换上柔软宽大的内衣,以便于挽袖子打针,也不会摩擦针眼处皮肤。

(5)饥饿和过度疲劳时接种,容易发生晕针,所以接种前最好让孩子吃好、休息好。

275. 什么是突发公共卫生事件?

突发公共卫生事件是指突然发生,造成或可能造成社会公众身心健康严重损害的重大传染病、群体性不明原因疾病,重大食物和职业中毒以及因自然灾害、事故灾难或社会安全等事件引起的严重影响公众身心健康和生命安全的事件。根据突发公共卫生事件的性质、危害程度、涉及范围,一般分为特别重大、重大、较大和一般四级。

276.《中华人民共和国传染病防治法》规定的法定报告 传染病有哪些?

本法规定的法定报告传染病分为甲类、乙类和丙类,共 37种。

甲类传染病是指:鼠疫、霍乱。

乙类传染病是指:传染性非典型肺炎、艾滋病、病毒性肝炎、脊髓灰质炎、人感染高致病性禽流感、麻疹、流行性出血热、狂犬病、流行性乙型脑炎、登革热、炭疽、细菌性和阿米巴性痢疾、肺结核、伤寒和副伤寒、流行性脑脊髓膜炎、百日咳、白喉、新生儿破伤风、猩红热、布鲁氏菌病、淋病、梅毒、钩端螺旋体病、血吸虫病、疟疾。

丙类传染病是指：流行性感冒、流行性腮腺炎、风疹、急性出血性结膜炎、麻风病、流行性和地方性斑疹伤寒、黑热病、包虫病、丝虫病，除霍乱、细菌性和阿米巴性痢疾、伤寒和副伤寒以外的感染性腹泻病。

277. 公民在突发公共卫生事件预防控制过程中享有哪些权利？

（1）任何单位和个人都有权向人民政府及其有关部门报告突发事件隐患，有权向上级人民政府及其有关部门举报地方人民政府及其有关部门不履行突发事件应急处理职责，或者不按照规定履行职责的情况；（2）卫生行政部门以及其他有关部门、疾病预防控制机构和医疗机构因违法实施行政管理或者预防、控制措施，侵犯单位和个人合法权益的，有关单位和个人可以依法申请行政复议或者提起诉讼。

278. 公民在突发公共卫生事件防控过程中应履行哪些义务？

（1）发现传染病病人或者疑似传染病病人时，应当及时向附近的疾病预防控制机构或者医疗机构报告；（2）对突发事件，不得隐瞒、缓报、谎报或者授意他人隐瞒、缓报、谎报；（3）必须接受疾病预防控制机构、医疗机构有关传染病的调查、检验、采集样本、隔离治疗等预防、控制措施,如实提供有关情况;(4)不得歧视传染病病人、病原携带者和疑似传染病病人。

279. 发生食物中毒后该怎么办?

(1)停:立刻停止食用可疑中毒食物。

(2)早:马上打急救电话,尽早把病人送往就近医院诊疗。

(3)保:保护好现场,保留好可疑食物和吐泻物。

(4)报告:及时向当地卫生行政部门报告。报告时要讲清楚下面内容:就餐的时间、地点、出现症状的人数、主要症状、吃过哪些食物、报告人姓名、联系电话等等。

(5)配合:积极配合医务人员对病人的呕吐物、尿液、粪便,甚至血液进行化验。

(6)消毒:根据不同的中毒食品,在卫生部门的指导下对中毒场所进行相应的消毒处理。

280. 农村建卫生厕所该怎么做?

目前江西省提倡农村使用无害化卫生厕所,使粪便在厕坑里经过一定时间发酵处理后能够达到无害化效果。需要新建或改建无害化卫生厕所的农户可以向各县(市、区)爱卫办请求技术指导和索取三格式厕所的有关技术标准和工程图纸。

281. 农村改厕有什么好处?

(1)改善农村卫生环境。降低因使用旱厕而导致的臭气浓度和苍蝇密度,减少了土壤、水源等受大肠杆菌污染的程度,使农村环境更适宜人居住。

（2）预防减少疾病。通过建造无害化厕所,对粪便进行无害化处理,杀灭了粪便中大多数的寄生虫卵和病原微生物,减少蚊蝇孳生地,有效地预防减少疾病,如肠道传染病、感染性腹泻和血吸虫、蛔虫等寄生虫感染疾病。

（3）提高肥效。通过无害化处理的粪便成为优质、无害的有机肥,对改良土壤、提高农作物产量、形成农业生态的良性循环起到积极的作用,同时减少了施肥成本。

282. 卫生部门对血吸虫病人检查治疗有什么政策？

卫生部门要对接触疫水的人群进行检查,对易感人群进行抗血吸虫病药物预防性治疗,并对感染者进行治疗。其中,对农民免费提供抗血吸虫病的基本预防药物（吡喹酮）,对经济困难农民血吸虫病治疗费用给予适当减免。

283. 国家对晚期血吸虫病人有什么医疗救助措施？

中央财政和地方财政分级安排专项经费,对生活贫困、符合治疗条件的晚期血吸虫病患者实行临时性救助措施,适当补助有关医疗费用。

284. 申请晚期血吸虫病治疗救助对象有哪些条件？怎样申请晚期血吸虫病治疗？

（1）符合《晚期血吸虫病诊断标准》的晚期血吸虫病人。

（2）血吸虫病流行区的农民。（3）生活贫困，经济收入低于当地乡（镇）平均收入水平。

每年年初，血防部门会依据晚期血吸虫病人登记册，对患者进行初步筛查和体检，患者也可向当地血防部门提出申请，并接受体检，如果确诊是晚期血吸虫病人，同时符合有关条件，血防部门会及时安排进行治疗。

285. 晚期血吸虫病人救助标准是多少？

在定点医院进行住院治疗的病人，普通内科治疗每例不超过 3000 元；晚期血吸虫病门脉高压症并发上消化道出血、且无外科手术指征者和顽固性腹水等危重病人，每例不超过 8000 元；外科治疗每例不超过 8000 元。实际治疗费用在补助标准以内的，实报实销，超过补助标准的部分由患者自己负担。

二十一
繁荣发展农村文化

286. 我国农村文化建设现状如何?

多年来,各级财政不断加大对农村文化建设的投入力度,为农村文化建设提供了有力保障。特别是最近几年贯彻落实中央提出的"今后每年新增教育、卫生、文化等事业经费,主要用于农村"的要求,农村公共文化设施状况有了很大改善,公共文化服务的能力有了很大提高,农村公共文化服务体系建设得到加强。目前,全国共有县级公共图书馆2414个、文化馆2806个,乡镇文化站32976个,村文化室103601个,初步形成了覆盖乡村的农村公共文化服务体系。

287. 公共文化服务体系建设的目标任务是什么?

与江西经济社会发展水平和江西在中部地区崛起的目标要求相适应,按照结构合理、发展均衡、网络健全、运行有效、惠及全民的原则,以政府为主导、公益性文化单位为骨干、鼓励全社会积极参与,努力建设以公共文化产品生产供给、设施网络、资金人才技术保障、组织支撑和运行评估为基本框架的覆盖全社会的公共文化服务体系,切实保障人民群众看电视、听广播、读书看报、进行公共文化鉴赏、参加大众文化活动等基本文化权益。

288. 什么是农家书屋工程?

农家书屋工程是重点文化惠民工程,旨在丰富农村文化生活、提高农民群众素质。农家书屋工程是重点文化惠民工程,在丰富农村文化生活、提高农民群众素质方面发挥了积极有效的作用。在不少地方,农家书屋成为了当地群众学习科学文化知识和休闲娱乐的好去处。有些地方的群众还编出了顺口溜"农家书屋真不赖,富了口袋富脑袋","不打麻将不要钱,书屋里面转一转"。农家书屋工程自 2004 年开始试点建设,截至 2008 年底,全国已建成农家书屋 5 万余家。到 2009 年一季度,全国已建成农家书屋 9 万家左右。农家书屋工程按照"政府组织建设,鼓励社会捐助,农民自主管理,创新机制发展"的思路组织实施,把各部门、各地区在农村文化建设中的类似项目结合起来,相互补充,同步推进,实现资源整合,同时,广泛动员社会力量参与,鼓励国内外各界采用多种形式、多种渠道进行捐助,农家书屋建立之后,将按照农民自主管理、自我服务的模式进行管理和运行,具备条件的书屋,政府将鼓励支持其开展出版物经营活动,通过经营收入进一步支持"农家书屋"的良性发展。工程计划"十一五"期间在全国建立 20 万家农家书屋,到 2015 年基本覆盖全国的行政村。每个农家书屋可供借阅的图书一般在 1500 册以上,报刊不少于 30 种,电子音像制品不少于 100 种(张)。

289. 农家书屋工程建设情况如何?

从 2008 年起江西省全面启动全省农家书屋工程建设,在已经建成了 1800 多个农家书屋的基础上,每年建设 2300 个农家书屋,至 2015 年覆盖全省近 1.7 万个行政村,实现农家书屋"村村有"目标。

290. 什么是乡镇综合文化站建设工程?

乡镇综合文化站是政府举办的提供公共文化服务、指导基层文化工作和协助管理农村文化市场的公益性事业单位,是集书报刊阅读、宣传教育、文艺娱乐、科普培训、信息服务、体育健身等各类文化活动于一体,服务于当地农村群众的综合性公共文化机构。其具体职能是:对广大群众进行时政宣传和政策法制教育;组织开展丰富多彩的文体娱乐活动,组织和指导电影、电视、录像放映活动;利用全国文化信息资源共享工程举办各类文化艺术培训班、科普讲座、农技知识讲座等,辅导和培养文艺骨干;开办图书报刊室,组织群众开展读书读报活动;搜集、整理民族民间文化艺术遗产,促进乡村特色文化的发展;指导和辅导村文化室、俱乐部和农民文化户开展各种业务活动;做好当地的文物宣传保护工作;受上级文化主管部门委托协助管理当地文化市场。

291. 乡镇综合文化站建设情况如何?

从 2007 年到 2010 年,中央决定投入 39.48 亿元新建和扩建 2.67 万个农村乡镇综合文化站,到 2010 年基本实现乡乡有乡镇综合文化站的目标。根据文化部、国家发改委的统一部署,"十一五"期间江西省将建设乡镇综合文化站 1292 个。截至 2008 年底,全省共启动乡镇综合文化站建设项目 368 个,占我省乡镇综合文化站建设目标的 28%,其余建设项目也将在 2009 和 2010 年完成。

292. 什么是广播电视村村通工程?

按照巩固成果、扩大范围、提高质量、改善服务的要求,进一步巩固农村广播电视建设成果,完善农村广播电视基础设施建设,大力提高农村广播电视无线覆盖水平,逐步消灭"盲区",增加收听收看广播电视节目套数,丰富服务"三农"的广播电视节目内容,建立健全"村村通"工作的长效机制。

293. 广播电视村村通工程建设情况如何?

"十一五"期间,江西省"村村通"工程建设任务是9115个20户以上已通电自然村,分四年完成。到2010年底,基本完成20户以上已通电自然村通广播电视的目标,力争使20户以上自然村广播电视盲点的农民能够收看到包括中央第一套、第七套和江西省第一套在内的8套以上电视节目,收听到包括中央第一套和江西省第一套在内的4套广播节目(即"8 + 4"标准);同时加强无线覆盖,使广大农村群众能够无偿收听收看到包括中央第一套广播节目、中央第一套和中央第七套电视节目,以及江西省第一套广播电视节目在内的4套以上无线广播节目和电视节目。积极推进县、乡(镇)广播电视管理体制改革,加强县、乡(镇)广播电视机构的公共服务职能,建立健全以县为中心、乡(镇)为基础、面向农户的农村广播电视公共服务体系和"村村通"工作的长效机制,努力提高服务水平。

294. 什么是农村文化三项活动?

从2005年开始,江西省率先实施了由政府买单,农民免费看戏、看电影和举办文体活动的农村文化三项活动。它以构建农村公共文化服务体系为主线,以努力满足农民群众不断增长的文化生活需求、不断提高农民文化素质为目标,在宣传党的方针政策、传播科学文化知识、丰富广大农民文化生活、切实保障广大农民基本文化权益等方面发挥了积极作用,有力地促进了社会主义新农村建设。基本解决了全省农民群众看戏难、看电影难、开展文化活动少的问题。

江西省设立了农村文化三项活动专项资金,由省财政集中购买文化产品服务,每年免费为每个乡镇送戏 4 场、每个村送电影 12 场、每个乡镇开展文体科技活动 6 次。

295. 什么是"一村一品"农村文化?

近年来,江西在新农村建设中,坚持"一村一品"文化建设和新农村建设相结合,发展农村文化与发展农村经济相结合,给农村文化注入新的内涵,着力提高文化品位,充分满足了广大农民群众日益增长的精神文化需求。在"一村一品"文化建设中,各地因势利导,让农民做农村文化的主角,激发群众参与文化建设的积极性和主动性,使各地农村文化"一村一品"活动开展得红红火火。据不完全统计,至 2007 年底,全省 1396 个乡镇中形成规模的农村文化"一村一品"已达到 800 多个,年产值达 300 多亿元。

296. 什么是农民自办文化?

随着经济实力的提高,广大农村地区的群众对文化的需求不断提高。农民自办文化已成为新时期农村文化生活的重要形式和公共文化服务的重要补充。许多地方农民以家庭为单位开展文化活动,发展农家大院和文化中心户,建设庭院文化,不断丰富活动内容,充实活动内涵;许多民间演出团体由农村自娱自乐的松散形式,发展为按照市场规律运作的演出团体,体现了农民自办文化的强大生命力。各地文化部门采取积极有效措施，鼓励和扶持农民自办文化的发展，加强农村业余演出队、业余电影放映队、文化中心户、农家书屋、农村义务文化管理员以及社区文化指导员等业余队伍的培训，鼓励农民自办文化大院、文化中心户、文化室、图书室等，支持农民群众兴办农民书社、电影放映队取得了很好的效果。农村民营文艺表演团体得到迅速发展，农村文化市场渐趋繁荣。据不完全统计，当前全国民营文艺院团已超过 6800 家，年演出 200 万场以上，在繁荣基层演出市场、丰富基层文化生活、继承传统民间艺术、促进地方经济发展等方面发挥了重要作用。

二十二
农村社会保障
和救灾救济

297. 什么是农村低保?

农村低保全称为农村最低生活保障制度,是指持有江西省常住户口的农村居民,凡共同生活的家庭成员人均纯收入低于当地农村最低生活保障标准的,按照规定程序申请审批,依法享受生活救助的制度。按照现行政策法规,农村低保由乡(镇)政府(街道办事处)负责受理申请和审核,村民小组负责评议,村委会负责复评,县(市、区)民政局负责审批。

298. 如何办理农村低保?

在个人申请的基础上,村民申办农村低保应按照"三查、三评、三公示"的程序办理。

(1)个人申请。以家庭为单位,由户主填写《农村居民最低生活保障待遇申请表》,提供相关证明材料,通过村民委员会向户口所在地的乡(镇)民政机构提出申请。

(2)村委会核查、评议、公示。①乡(镇)民政机构委托村民委员会在5个工作日内完成对申请人的家庭收入和实际生活情况进行核实,并由调查人填写《农村居民最低生活保障待遇申请人员家庭情况调查表》;②召开村民代表会议(必要时可召开村民小组会议进行评议),对申请人的家庭生活状况和核查情况进行民主评议;③将申请人家庭情况和评议情况在村务公开栏公示5天以上。对无异议的,填写《农村居民最低生活保障待遇审批表》并签署意见,连同居民户口本、居民身份证、家庭收入状况证明以及其他相关证明材料上报乡(镇)。对经评议或公示后复审不符合条件的,书面通知申请人本人,并告知原因。

（3）乡（镇）调查、评议、公示。①乡（镇）民政机构在收到材料后，采取邻里走访和对村委会上报的家庭收入调查表进行核算等办法，在 5 个工作日内完成对申报对象有关情况的调查核实工作，并在《农村居民最低生活保障待遇申请人员家庭情况调查表》签署调查意见；②召开评议小组会议，对申报对象的家庭生活状况和调查情况进行审核评议；③将审核评议情况和拟定对象名单，委托村委会在村务公开栏公示 3 天。对无异议的，在《农村居民最低生活保障待遇审批表》上签署意见，并将有关证件和证明材料一并报县（市、区）民政部门。对经评议或公示后复审不符合条件的，书面通知申请人本人，并告知原因。

（4）民政审查、评审、公示。①县（市、区）民政局接到申报材料后，应在 7 个工作日内完成对申报对象材料的审核和重点调查工作；②召开评审委员会会议，对申报对象的材料和调查情况进行评审。通过乡之间、村之间经济发展水平和群众实际生活状况的综合比较，按照常补对象和非常补对象两大类，初步确定保障对象和保障标准（常补对象为老弱病残和丧失劳动能力，靠自身努力难以改变生活状况的家庭，非常补对象为在劳动年龄段有一定劳动能力，通过自身努力能够改变生活状况的家庭）；③委托乡（镇）、村委会在公开栏公示 3 天。对无异议的，在《农村居民最低生活保障待遇申请审批表》上签署意见，并发给《农村居民最低生活保障金领取证》，从批准之月起领取低保金。对不符合条件的，书面通知申请人本人，并告知原因。

299. 申办农村低保应携带哪些相关材料？

村民申办农村低保应携带以下材料：（1）户主身份证、户口簿；（2）相关人员的结婚证、离婚证、残疾证、学生证（入学通知书)、疾病证明、养老金领取凭证;(3)家庭收入情况证明;(4)赡养或扶养(抚养)人收入证明及给付赡(扶、抚)养费证明;(5)当地民政部门认为需要提供的其他证明材料。

300. 农村五保供养对象是指哪些人?

农村五保供养对象是指符合下列三个条件的农村老年人,残疾人和未满 16 周岁的未成年人:(1)无法定赡养、抚养、扶养义务人,或者虽有法定赡养、抚养、扶养义务人,但无赡养、抚养、扶养能力的;(2)无劳动能力的;(3)无生活来源的。

301. 农村五保供养的标准是什么?

农村五保供养对象依法享受政府无偿提供的吃、穿、住、医、葬(孤儿教育)五个方面的生活照顾和物质帮助。当地政府应当改善农村敬老院生活条件,鼓励农村五保供养对象到农村敬老院集中供养,享受 1860 元/人·年供养标准。对在家分散供养的五保户,由当地村委会帮助照顾生活,享受 1260 元/人·年供养标准。农村五保户参加新型农村合作医疗,个人负担的资金由政府资助,并得到医疗救助。

302. 如何申请农村五保供养?

要求享受农村五保供养待遇,应当由村民本人向村民委员会提出申请;因年幼或者智力残疾无法表达意愿的,由村民小组或者其他村民代为提出申请。经村民委员会民主评议,对符合规定条件的,在本村范围内公告;无重大异议的,由村民委员会将评议意见和有关材料报送乡（镇）政府审核。乡（镇）政府应当自收到评议意见之日起 20 日内提出审核意见，并报送县级民政部门审批。县级民政部门应当自收到审核意见和有关材料之日起 20 日内作出审批决定。对批准给予农村五保供养待遇的，发给《农村五保供养证书》；对不符合条件不予批准的，应当书面说明理由。

303. 什么是农村医疗救助？

医疗救助制度，是政府为保障城乡困难群众的基本健康和享受公共卫生的基本权益，运用财政资金和动员社会力量筹措资金，对患病的城乡困难居民医疗费用按一定标准给予适当救助，以缓解其因病造成家庭生活困难的专项社会救助制度。按救助对象属地分为城市医疗救助、农村医疗救助。农村医疗救助对象主要是农村低保户、五保户和少数经县级人民政府确定的特殊困难群众。

304. 农村医疗救助办理程序是什么？

对于农村低保常补对象和五保供养对象，民政部门采取发放医疗救助证（卡）的方式予以门诊救助，用于对常见病、慢性病的治疗，救助卡结余资金可转入下一年使用。对于农村低保对象和农村五保供养对象，一旦其被诊断患病确需住院治疗的，经县级民政部门审批同意，享受住院医疗救助。救助对象住院治疗费用在一定数额（由县级确定）内，经新农合报销后，自付部分可给予全额救助；住院治疗费用较高的，可按一定比例给予救助。具体救助标准由县级民政部门会同相关部门制定，并报本级人民政府批准和上级民政部门备案后公布执行。

305. 如何申请农村医疗救助？

　　农村低保对象和五保供养对象可以直接向乡（镇、街办）申请医疗救助，申请时应提供住院治疗发票等原始凭证。但因参加了新农合，其住院医疗发票或相关凭证原件需要在新农合经办部门报销医药费，在申请医疗救助时可使用加盖新农合经办机构公章的原始凭证复印件。

　　民政部门每年都资助农村低保对象和五保户参加新型农村合作医疗，个人缴交的参合经费由政府出资。一旦困难群众患病住院发生医疗费用，由新农合和农村医疗救助按规定共同支付医疗费用，帮助农村困难群众减轻治病负担。

306. 现行的救灾体制如何？

　　2006 年 11 月召开的第十二次全国民政会议对我国救灾工作方针进行了重大调整，提出了在新的历史发展阶段"政府主导、分级管理、社会互助、生产自救"的救灾工作方针，保证灾民"有饭吃、有衣穿、有房子住、有干净的水喝、有病能医、孩子有学能上"。

307. 救灾款物的来源主要有哪些？

　　中央财政下达的特大自然灾害救济补助费（包括救灾应急资金，灾区民房恢复重建资金，春荒、冬令救济资金）和其他灾害专项补助资金；省级和市、县级财政安排的自然灾害救济事业费和其他灾害专项补助资金；各级民政部门接收的救灾捐赠款物；用救灾款和捐赠款采购的用于灾民生活救济的物资。

308. 救灾款物的拨付有什么要求？

救灾款物的拨付要严格按照时限要求，及时下拨。江西省委、省政府决定，2009 年进一步扩大省直管县财政体制改革试点范围，全省所有县（市）全部纳入改革试点范围，共计 80 个。县级接到省级拨款后，救灾应急资金应在 5 日内落实到灾民手中；设区市接到省级下拨的应急资金后，应在 5 日内下拨。救灾救济资金和春荒、冬令救济资金县级应在 10 日内落实到灾民手中。

309. 救灾款物的发放有什么要求？

救灾款物的发放要坚持公开、公平、公正的原则。不论是发放现金还是发放实物，都应将数额公开。在发放过程中必须坚持民主评议，登记造册，张榜公布，公开发放等程序，自觉接受社会监督。乡（镇）发放救灾款时，严禁套取现金，公款私存。严禁虚报冒领，或巧立名目，挪作他用。代领救灾款物，须由被救助对象委托其亲属办理，原则上不得由乡、村干部代领。要积极推行社会化发放方式，能够通过"一卡通"发放到个人的，都要通过银行发放，以确保救灾款物安全运行，落实到位。需要集中安排灾民口粮、衣被等救灾物资时，均应面向市场、公开招标、集中采购。采购工作由县级以上民政部门和政府采购机构根据有关规定，按照"等价择优、等质择廉"的原则组织实施，严把救灾物资质量关。

310. 农村困难群众住房救助有哪些政策？

近年来，我省各级地方党委、政府和民政部门，坚持以人为本，针对困难群众自救能力弱，危旧房改造资金短缺的情况，通过积极开展灾后恢复重建、减灾安居工程建设、整合各项支农的可利用资金、出台各项优惠政策等，帮助农村困难群众进行危房改造。省委、省政府决定，从 2008 年开始，用 3 ~ 5 年时间，有重点、分批次地对全省农村低保户和分散供养五保户危旧房进行维修改造和新建，逐步改善农村困难群众的住房条件，为建立城乡困难群众住房保障体系奠定基础。

311. 救灾款物的管理使用有哪些要求？

救灾款物的使用必须坚持"专款专用、专物专用、重点使用"的原则。专款专用两层含义，一是救灾资金只能用于受灾群众的生活安排，不能用于和生活安排无关的其他任何项目；二是按下拨款文件中指明的用途进行使用。重点使用的原则是指保障重灾区和重灾户，特别是保障自救能力差的灾民的基本生活，不得平均分配，不得向无灾区拨付，不得优亲厚友。救灾款物的使用范围是：①解决灾民无力克服的吃、穿、住、医等生活困难；②紧急抢救、转移和安置灾民；③灾民倒房恢复重建；④加工、采购、储运救灾物资，原则上只能使用地方本级财政列支的自然灾害救济事业费和当地开展社会捐助活动接收的无定向捐赠款，不能随意使用上级下拨的救灾款和救灾捐赠款；⑤定向捐赠的救灾款物，应按照捐赠人的意愿使用，并将使用结果告知捐赠人。严禁贪污、挤占、挪用救灾款物。救灾资金不得实行有偿使用,不得用于救灾工作经费支出,不得擅自扩大使用范围。对不符合条件的对象发放救灾款物,虚报冒领和克扣救灾款物,贪污、挪用救灾款物的,经查实后,应视情节对主管人员和直接责任人给予党纪、政纪处分,构成犯罪的,移交司法机关追究刑事责任。

312. 农村困难群众住房救助政策的基本情况如何?

农村困难群众住房保障补助资金由省财政统筹安排,县(市、区)集中管理、统一使用。江西省财政从 2008 年开始,每年安排 1 亿元,用 3 ~ 5 年时间,完成全省农村困难群众住房改造工作。各地也可以采取社会捐赠、以工代赈和整合社会资源等形式,多渠道筹措资金和物资。

313. 农村困难群众住房救助应坚持哪些原则?

(1)坚持公开、公平、公正的原则。公开资助政策、公开申请审批程序、公布审批结果,接受群众监督,确保公开、公平、公正。

(2)坚持因地制宜、经济实用的原则。农村困难群众危房改造必须从农村实际出发,确保改造的住房既经济实用,又安全可靠、富有特色,符合新农村建设的要求。

(3)坚持群众自愿自主与政府资助相结合的原则。农村困难群众住房改造应以建房户为主体,充分尊重群众的意愿,在群众自愿并落实自筹责任的情况下,政府给予适当资助,并发动社会力量予以帮扶,并不是政府"一揽子"全包工程。

(4)坚持突出重点,分类救助的原则。重点资助农村低保对象尤其是常补对象新建、重建住房,只对分散五保供养对象住房维修进行资助。

　　(5)坚持统一规划、分批实施的原则。以县(市、区)为单位摸清农村困难对象的困难程度和住房情况,按照轻重缓急统一规划,分批实施。

　　(6)坚持集约节约用地的原则。新建、改建住房要符合乡、镇和村庄规划,先行安排利用村内空闲地、闲置宅基地和老宅基地。

314. 农村困难群众住房救助的形式有哪几种？分别救助哪些对象？

　　农村困难群众住房救助分为资助新建、重建住房和资助维修住房两种形式。农村低保户中,属无房户、极度危房户或住房处于自然灾害严重地段、不适合居住的,可申请房屋新建、重建补助。农村低保户和分散供养的农村五保户住房破损,影响正常居住的,可申请房屋维修补助。

315. 什么是极度危房？

　　极度危房是指用于居住的整幢房屋承重构件已属危险构件,结构丧失稳定和承载能力,随时有倒塌可能,不能确保住、用安全。

316. 什么是住房处于自然灾害严重地段、不适合居住户？

　　此类对象包括以下情形:一是住房处于山洪暴发、山体滑坡、泥石流等地质灾害易发地段;二是房屋处于地势低洼或者缺水地段,易发生洪涝灾害和严重干旱;三是由于其他情形,住房不利于居住的。

317. 可维修住房如何界定?

可维修住房是指房屋的承重构建尚好,只是局部破损,修复后尚能居住。如屋顶毁损、外墙破损或者部分墙体倾斜但不影响整幢房屋的稳固等。

318. 农村五保户可否申请新建、重建住房?

原则上不资助农村五保户新建、重建住房。符合新建、重建条件的分散供养五保户,统一纳入集中供养,不再新建、重建住房。

319. 农村困难群众住房救助如何申请?

符合危旧房维修改造条件的家庭,由户主自愿向所在村委会提出书面申请,填写《农村困难群众危旧房维修、新建、重建改造申请审批表》,并提供户籍、低保金领取证(农村五保供养证)等证明材料。

困难群众提出申请后,通过村委会评议、乡镇评审、县级民政部门审核、设区市民政部门审批的工作程序确定资助对象。

320. 在确定资助对象时要坚持哪些优先?

(1)在经济困难程度上,坚持农村低保常补对象优先。原则上要在满足常补对象的基础上才能逐步向非常补对象延伸。

（2）在住房困难程度上,坚持无房户和极度危房户优先。尤其是头两年,必须着力解决无房户和极度危房户的住房。

（3）在资助方式上,坚持新建、重建优先。住房救助资金的90%用于困难群众新建、重建住房,用于住房维修的资金不能超过救助资金的10%。已列入五年规划重建、新建的家庭不得资助其维修住房;已资助维修的住房不再列入重建、新建五年规划。

321. 资助建房面积有何规定?

结合当地农户基本住房条件和资助对象常住人口数核定建房标准,原则上新建、重建住房建筑面积不超过 50 平方米。家庭成员较多的,可按照国家全面建设小康社会指标体系的要求适当放宽,但人均住房面积不超过 15 平方米(具体标准由各地根据实际情况确定)。

322. 政府对补助标准是如何规定的?

新建、重建住房资助标准原则上每户 1 万 ~ 1.5 万元,具体标准由各地根据实际情况确定。维修住房资助标准根据房屋破损程度实施分档资助,最低不低于 500 元,最高不得超过 1500元。

323. 补助资金何时下拨?

有建房能力的家庭,在签订建房合同、工程启动后,按审批补助额度先付 50% 补助资金,项目竣工验收合格后付清余款。

324. 补助资金如何管理和发放?

住房补助资金实行专户管理,专款专用,封闭运行,不得截留、挤占、挪用。上年的建房资金不能结转到下一年使用。凡是资助低保对象自建住房的,补助资金应通过"一卡通"实行社会化发放;试行代建制建房的,资金由乡政府统筹管理使用。

325. 资助困难群众建房可采取哪几种形式?

既可以采取现金资助的办法,由资助对象自建住房;也可以试行代建制,由乡镇政府或者村级组织统一为资助对象新建、重建住房。实行代建制建房的,必须由县级制定具体的操作规程,充分体现受助户的意愿,严格资金管理,整合各项资助资源,发挥资金的最大效益。

326. 农村困难群众住房救助工作可采取哪些模式?

既可以根据经济困难程度和住房困难程度采取整体推进的模式,也可以根据乡镇对此项工作的积极性和条件成熟度,选择住房紧张的困难群众较多的、有代表性的乡镇,采取分片实施的模式。

327. 如何搞好建房设计?

实行代建制建房的,由县、乡政府统一设计图纸、统一户型、统一施工。救助对象自建住房的,由县级政府统一设计多套图纸,建房对象根据自己的意愿和筹资能力,自行选择户型。

328. 资助对象建房有哪些优惠政策?

国土部门负责土地供应计划和年度用地指标安排;建设部门负责项目的规划和选址工作;林业部门负责根据乡(镇)、村提供的建房用材计划,依法及时办理建房用材手续,需占用林地建房的同时办理占用林地审批手续;农村信用合作社提供贷款利息补贴等优惠政策。凡涉及的收费项目,除国家明令不能减免的外,各有关部门要予以减免。

二十三
化解农村债务

329. 为什么要妥善处理乡村债务?

乡村债务数额大,涉及面广,情况复杂,化解难度大,是困扰经济社会稳定发展的重大隐患。乡村债务不是农村税费改革带来的,只是由于农村税费改革规范了农村分配关系,堵住了向农民乱收费的"口子",使得乡村债务问题凸显出来。如果不及时妥善处理乡村债务,将影响乡镇和村级组织的正常运转,影响农村税费改革的顺利进行和农村社会稳定。因此,乡村债务问题必须引起各级党委、政府的高度重视,要认真研究对策,妥善加以解决。从 2007 年起,国务院决定把优先化解农村义务教育"普九"债务作为化解乡村债务的突破口,探索化债经验,促进其他乡村债务的化解。

330. 国务院对清理化解乡村债务有哪些基本要求?

(1)全面清理核实,锁定债务数额。(2)严格执行政策,坚决制止发生新的乡村债务。(3)突出重点,因地制宜地确定化解乡村债务试点范围和顺序。(4)完善地方财政管理体制,增收节支偿还政府债务。(5)加强村级财务管理,规范村级收支行为。(6)推进乡镇政府职能转变,为化解乡村债务创造良好环境。(7)明确责任,加强对清理化解乡村债务工作的领导。具体内容可参见 2006 年 10 月,国务院办公厅下发的《关于做好清理化解乡村债务工作的意见》。

331. 什么是农村义务教育"普九"债务?

"普九"债务是指各地以县为单位推进"普九"工作,至通过省级"普九"验收合格期间发生的债务,主要包括教学及辅助用房、学生生活用房、校园维修建设、教学仪器设备购置等与学校建设直接相关的债务。全省总的时间段是从 1986 年 7 月 1 日至 2005 年 12 月 31 日止。具体包括:县(市、区)、乡镇人民政府、行政村和农村中小学,通过向金融机构贷款、施工单位垫资以及向教师、学生家长和其他个人借款形成的债务。国有农场、林场及省农业厅所属的农场、科研所等所属义务教育阶段学校的"普九"债务按照属地原则,纳入化债试点范围。世行贷款、其他有关国际金融组织及外国政府贷款中涉及农村义务教育债务部分,按照国家有关规定另行处理,不在此次化解范围。农村义务教育阶段的农村中小学,按教育事业统计口径,即位于农村、县镇和设区市所在区的农村义务教育阶段学校,含特殊教育学校,国有农场、林场及省农业厅所属的农场、科研所等所属义务教育阶段学校,不包括各类公办民营和民办学校、技校、职业培训学校和学前班。完全中学初中与高中共用校舍、设备形成的负债,按债务形成时初中学生数占学校学生总数的比例进行划分。

332. 为什么把化解农村义务教育"普九"债务作为化解乡村债务的突破口?

(1)优先化解农村"普九"债务,有利于进一步稳定农民负担,促进农村综合改革工作。(2)优先化解农村"普九"债务,有利于创造和谐的社会环境,促进新农村建设。(3)优先化解农村"普九"债务,有利于促进农村义务教育经费保障机制改革,改善农村公共服务。(4)优先化解农村"普九"债务,有利于探索积累化债经验,促进其他乡村债务的化解。农村"普九"债务与农民利益关系密切。通过优先化解农村"普九"债务,可以为化解乡村其他公益事业债务探索路子,积累经验。

333. 清理化解农村义务教育"普九"债务的基本原则、目标任务和时间安排是什么?

(1)基本原则。一是谁举债谁负责。按照农村义务教育实行省级人民政府统筹规划、县级人民政府为主实施的管理体制,"普九"债务的化解试点工作主要由省级人民政府负责组织,市、县级人民政府具体实施。二是先清理后化解。在全面摸清"普九"债务底数的基础上,锁定债务,明确责任,结合实际情况,区分轻重缓急,确定化债的优先顺序,逐步化解。三是先化解后奖励。为缓解基层财政压力,增强基层化债的动力,中央和省财政按照先化解后奖励的原则,建立激励约束机制,对已经化解"普九"债务的地方给予奖励,未在规定期限内化解的不予奖励。

(2)目标任务和时间安排。按照"制止新债、摸清旧债、明确责任、分类处理、逐步化解"的要求,在严格制止农村义务教育新债的基础上,从2007年12月起,用2年左右时间,全面完成"普九"债务的化解工作,同时建立起制止发生新的农村义务教育债务的稳定机制。在此期间,已完成或基本完成"普九"债务化解的,可着手化解农村义务教育的其他债务。

二十四
加强农村基层
民主建设

334. 什么是村民自治？村民委员会的性质是什么？

村民自治是指广大农民群众在党的领导下,在法律规定的范围内,通过村委会这一组织形式,实行自我管理、自我教育和自我服务,从而推进农村物质文明、政治文明和精神文明建设,推动农村社会的进步和经济的发展。实行村民自治,由村民依法管理自己的事务,是我们党根据我国的国情和广大农民群众的实践而作出的科学抉择,已经被党的十七大确定为我国的一项基本政治制度。

《村委会组织法》规定,"村民委员会是村民自我管理、自我教育、自我服务的基层群众性自治组织,实行民主选举、民主决策、民主管理、民主监督"。从这条规定可以看出,村民委员会的性质是农村基层群众性自治组织,具有自治性、群众性、基层性的特点,由此决定了它不是政权机关,也不是政权机关的"腿脚"。村民委员会成员依法由村民民主选举产生,是村民自治的具体组织者和执行者。村民自治的主体是广大村民,而不是少数村民委员会成员。村民委员会的一切工作必须对村民会议和村民代表会议负责,对全体村民负责。

335. 村民委员会民主选举有哪些要求？

村民委员会的民主选举是村民自治的前提和基础。《村委会组织法》第十一条规定:"村民委员会主任、副主任和委员,由村民直接选举产生。任何组织或者个人不得指定、委派或者撤换村民委员会成员。村民委员会每届任期三年,届满应当及时进行换届选举。村民委员会成员可以连选连任。"

村民委员会的选举,由村民选举委员会主持。村民选举委员会由主任、副主任和委员共 5 人至 7 人组成,在村民委员会主持下,由村民会议或者各村民小组推选产生,也可以由村民代表会议推选产生。年满 18 周岁的村民,不分民族、种族、性别、职业、家庭出身、宗教信仰、教育程度、财产状况、居住期限,都有选举权和被选举权;但是,依照法律被剥夺政治权利的人除外。有选举权和被选举权的村民,一般在户籍所在地的村进行选民登记。现居住地与户籍所在地不一致,连续居住本村 1 年以上并履行村民义务,本人要求在居住地参加选举的,由其户籍所在地出具证明,经居住地所在村的村民选举委员会确认,可以进行选民登记,但不得在户籍所在地重复登记。村民选举委员会应当在选举日的 20 日前张榜公布选民名单。村民对公布的选民名单有异议的,应当在选举日的 3 日前向村民选举委员会提出,村民选举委员会应当在选举日前做出解释或者纠正。村民委员会主任、副主任、委员候选人由村民选举委员会或者以村民小组为单位召集选民填写候选人提名票产生。填写候选人提名票必须有过半数选民参加。提名村民委员会成员候选人应当按职务提名,但每一选民提出的候选人人数不得超过应选人数。提名村民委员会成员候选人应当有适当的妇女名额;多民族村民居住的村应当有人数较少的民族的成员。村民选举委员会对被提名的候选人进行资格审查后,按主任、副主任正式候选人人数分别比应选人数多 1 人、委员正式候选人人数比应选人数多 1 人至 2 人的数额,将得票多的候选人确定为正式候选人。正式候选人名单应当在选举日的 5 日前按不同职务和得票多少的顺序张榜公布。村民委员会成员候选人的具体要求,可以由县(市、区)、乡、民族乡、镇村民委员会换届选举工作指导小组提出,经村民会议或者村民代表会议根据本村情况讨论确定。

村民委员会成员候选人确定后,应当召开选举大会进行村民委员会选举。为便于居住偏远的选民投票,可以增设若干投票站。对因老、弱、病、残和其他原因不便到选举大会会场或者投票站投票的选民,应当设立流动票箱投票。村民委员会选举一律实行无记名投票、公开计票的方法。选举会场应当设立选票发放处、秘密写票处、选票代写处和投票处。文盲或者因其他原因不能写选票的,可以委托选票代写处或者除候选人以外的人代写,代写人不得违背选民的意愿。选民在投票选举时因故不能参加投票的,可以委托正式候选人以外的选民代为投票,但每一选民接受的委托不得超过 3 人。正式投票前,村民选举委员会应当在选举大会会场组织正式候选人发表演讲,回答选民提出的问题;在选举大会会场提出监票人、唱票人、计票人的人选,经选民举手表决通过,但村民委员会成员正式候选人及其配偶和直系亲属不得担任。选民对村民委员会正式候选人可以投赞成票,可以投反对票,可以另选其他选民,也可以弃权。投票结束后,各投票站的票箱和流动票箱应当分别由 3 名以上选举工作人员护送到选举大会会场,与选举大会会场的票箱同时当众开箱验票。选举村民委员会,有选举权的村民的过半数投票,选举有效。每次选举所投的票数多于投票人数的,选举无效;等于或者少于投票人数的,选举有效。村民委员会主任、副主任、委员正式候选人或其他选民,获得参加投票的选民的过半数的选票,始得当选。

336. 村级重大事务应该如何进行民主决策?

凡是村中大事,以及与农民群众切身利益密切相关的事项,如村集体的土地承包和租赁、集体土地征收或征用补偿及其分配方案、集体企业改制、集体举债、集体资产处置、村干部报酬、村公益事业的经费筹集方案和建设承包方案等,都要实行民主决策,不能由个人或少数人决定。

村民会议和村民代表会议是村级民主决策的基本组织形式,是农村基层民主和村民自治制度的重要组成部分,必须建立、完善村民会议和村民代表会议制度。《村委会组织法》第十七条规定:"村民会议由本村十八周岁以上的村民组成。"这一规定表明,凡是年龄在十八周岁以上的成年人均为村民会议的当然人员。他们参加村民会议,不需要经过选举和其他认可和程序。村民会议的职权主要有四项:一是决策权。村民会议对涉及全村村民利益的重大问题拥有直接决定权。二是立约权。《村委会组织法》规定:"村民会议可以制定和修改村民自治章程、村规民约。"上述规定实际上赋予了村民会议的立约权。三是监督权。《村委会组织法》规定:"村民委员会向村民会议负责并报告工作。村民会议每年审议村民委员会的工作报告,并评议村民委员会成员的工作"。这表明,村民会议对村委会的工作有监督权。四是罢免权。《村委会组织法》规定:"本村五分之一以上有选举权的村民联名,可以要求罢免村民委员会成员。""村民委员会应当及时召开村民会议,投票表决罢免要求。"这表明,在一定条件下村民会议可以对村委会成员进行罢免。罢免权是村民对选举产生的村委会干部的最后制约权。

村民会议虽然最有权威,但开起来确实不容易,讨论决定问题难度也大。因此,村民群众在村民自治的实践中,创立了村民代表会议,来代行村民会议的部分职权。实践证明,这是切实可行的。《村委会组织法》和《江西省实施〈村委会组织法〉办法》都规定了设立村民代表会议的条款。村民代表会议一般由村民委员会成员、村民小组长、住村各级人民代表大会代表和"每五户至十五户推选一人,或者由各村民小组推选若干人"组成,其中应有适当数量的妇女代表(推选的村民代表应是前三部分人之和的两倍)。村民代表任期三年,在村民委员会换届选举的同时进行换届选举。

村民代表会议可以根据村民会议的授权,讨论决定村中大事。一般来说,除了制定《村民自治章程》和《村规民约》,罢免和补选村民委员会成员等必须由村民会议讨论决定外,其他村民会议的职权均可以由村民代表会议代行。村民代表会议由村民委员会召集和主持,一般每季度举行一次,有五分之一以上村民代表会议成员提议,应当召集村民代表会议;村民委员会认为必要,可以召集村民代表会议。召开村民代表会议时,村民委员会应当至少提前两日将讨论的事项通知村民代表、村民代表应征求所代表的村民的意见和建议,并在村民代表会议上如实地反映。会议的决定,须由村民代表会议全体成员的过半数通过。为了加强对村务的监督,村民代表会议可以下设村务监督小组,一般由五人组成,经村民代表会议选举产生,具体负责监督村务工作,并向村民代表会议报告情况。

涉及村民利益的事项,原则上要遵循以下决策程序:由村党组织、村民委员会、村集体经济组织、十分之一以上村民联名或五分之一以上村民代表联名提出议案;由村党组织统一受理议案,并召集村党组织和村民委员会联席会议,研究提出具体意见或建议;由村民委员会召集村民会议或村民代表会议讨论决定;由村党组织、村民委员会组织实施村民民主决策事项的办理。对提交村民会议或村民代表会议讨论决定的事项,会前要向村民或村民代表公告,会后要及时公布表决结果,实施情况也要及时公布。村民会议或者村民代表会议讨论决定的事项,要形成书面记录并妥善保存。

除发生自然灾害等紧急情况外,村民会议或村民代表会议依法形成的决议不得随意更改,如因情况发生变化确需更改的,要通过村民会议或村民代表会议讨论决定。未经村民会议或村民代表会议讨论决定,任何组织或个人擅自以集体名义借贷,变更与处置村集体的土地、企业、设备、设施等,均为无效,村民有权拒绝,造成的损失由责任人承担,构成违纪的给予党纪政纪处分,涉嫌犯罪的移交司法机关依法处理。

337. 村级事务如何进行民主管理?

民主管理就是要通过建立有关规章制度来使村里的事情实行民主的、有序的管理,其主要形式是建立《村民自治章程》和《村规民约》。《村委会组织法》第二十条规定:"村民会议可以制定和修改村民自治章程、村规民约,并报乡、民族乡、镇的人民政府备案。"同时还规定,《村民自治章程》、《村规民约》"不得与宪法、法律、法规和国家的政策相抵触,不得有侵犯村民的人身权利、民主权利和合法财产权利的内容"。村党组织、村民委员会要依据党的方针政策和国家的法律法规,组织全体村民结合实际讨论制定和完善《村民自治章程》、《村规民约》、村民会议和村民代表会议议事规则、财务管理制度等,明确规定村干部的职责、村民的权利和义务,村级各类组织的职责、工作程序及相互关系,明确提出对经济管理、社会治安、移风易俗、计划生育等方面的要求。用制度规范村干部和村民行为,增强村民自我管理、自我教育、自我服务的能力,增强干部群众的法制观念和依法办事能力。

同时,要大力加强村民民主理财制度建设。村民民主理财由村务公开监督小组代表村民进行。村务公开监督小组向村民

会议或者村民代表会议负责并报告工作,参与制定本村集体的
财务计划和各项财务管理制度,有权检查、审核财务账目及相关
的经济活动事项,有权否决不合理开支。村务公开监督小组与
村民委员会有不同意见时,可以提交村民会议或村民代表会议
讨论决定,村民有权对本村集体的财务账目提出置疑,有权委托
村务公开监督小组查阅、审核财务账目,有权要求有关当事人对
财务问题作出解释。对群众反映财务问题较多的村,县乡党委
和政府及有关部门有责任帮助其搞好财务清理整顿工作,解决
存在的问题,建立健全财务管理和民主理财制度。要规范农村
集体财务收支审批程序。财务事项发生时,经手人必须取得有
效的原始凭证,注明用途并签字(盖章),交村务公开监督小组集
体审核。审核同意后,由村务公开监督小组组长签字(盖章),报
经村党组织、村民委员会负责人审批同意并签字(盖章),由会计
人员审核记账。村级财务账目必须日清月结,不得遗失缺损。
村党组织和村民委员会主要负责人及其配偶、直系亲属不得兼
任村会计、出纳。经村务公开监督小组审核确定为不合理财务
开支的事项,有关支出由责任人承担。

338. 村务公开的内容、时间、形式和程序有哪些规定?

凡属有关法律法规规章和政策明确要求公开的事项,以及
涉及农民群众切身利益的事项,都应向村民公开。具体内容主
要包括八个方面:

(1)财务情况。财务公开是村务公开的重点,所有收支应按
省农业厅统一制发的财务公开表格式样,逐项逐笔公布明细账
目,让群众了解、监督村年度财务计划及执行情况,各项收入和
支出,各项财产、债权债务和收益分配以及农村集体经济组织、

村民小组、农（畜）产品行业协会和农民专业合作组织所有的资产等。

（2）集体资产管理情况。村集体企业的经营、承包、租赁、出售、转让及费用的收缴和使用，村集体所有的土地、水面、山场等经济资源的开发、承包、租赁、入股，机动地和"四荒地"发包，集体土地征收或征用补偿及其分配方案，宅基地的规划和申报等。

（3）政策落实情况。农村税费改革和农业税及其附加减免政策、农业税的社会减免和灾歉减免的分配与落实、村内"一事一议"筹资筹劳、新型农村合作医疗、种粮直接补贴、退耕还林款物兑现，以及国家其他补贴农民、资助村集体的政策落实情况等。

（4）公益事业建设情况。村级道路、水利、文化教育卫生事业等的立项、经费筹集、工程招标、承包方案及实施情况等。

（5）社会救助情况。农村优抚对象的抚恤补助和五保户的供养，筹资、筹劳的减免，国家投入的扶贫、移民、以工代赈等资金的使用情况，政府下拨和社会捐赠的救灾救济、扶贫、助残等款物的接受、分配、发放等。

（6）计划生育情况。当年符合政府规定人员生育证发放情况，人口出生情况，节育措施落实情况，社会抚养费的征收情况等。

（7）工作安排情况。村经济社会发展规划，村民委员会年度工作计划，村干部分工，村民会议、村民代表会议形成的决定、决议及其实施情况等。

（8）村干部管理情况。村干部报酬、民主评议、任期和离任审计及奖惩情况等。同时，对于涉及本村村民利益和村民普遍关心、要求公开的事项，也要进行公开；要根据农村改革发展的新形势、新情况，及时丰富和拓展村务公开的内容，如新农村建设中各级财政到村到户的优惠政策和资金,社会各界支持新农村建设的资金和项目,等等,确保党和政府的惠农政策为农民所知晓和掌握。

一般的村务事项至少每季度公开一次,涉及农民利益的重大问题以及群众关心的事项要及时公开。集体财务往来较多的村,财务收支情况应每月公布一次。要推进村务事项从办理结果的公开,向事前、事中、事后全过程公开延伸。根据公开事项的具体情况和多数群众的要求,常规性工作按季度公开,固定性工作长期公开,单项工作在任务完成后一次性公开,临时性工作随时公开。

各地农村应坚持实际、实用、实效的原则,在便于群众观看的公共场所设置固定的村务公开栏,同时还可以通过广播、电视、网络、"明白纸"、民主听证会、召开群众会议等其他有效形式公开。

村务公开的基本程序是:村民委员会根据本村的实际情况,依照法规和政策的有关要求提出公开的具体方案;村务公开监督小组对方案进行审查、补充、完善后,提交村党组织和村民委员会联席会议讨论确定;村民委员会通过村务公开栏等形式及时公布。

339. 什么是农村村落社区建设?

农村村落社区是指聚居在以自然村或中心自然村带分散小村落范围内的人们所组成的社会生活共同体。农村村落社区建设是指在村党组织和村民委员会的领导下,组织和依靠村落社区力量,整合村落社区资源,强化村落社区功能,解决村落社区问题,深化村民自治,维护农村稳定,促进村落社区各项事业的协调、健康发展。

340. 农村村落社区建设的指导思想、主要目标和基本原则是什么?

农村村落社区建设的指导思想是:以邓小平理论和"三个代表"重要思想为指导,深入学习实践科学发展观,以《村委会组织法》为依据,以全面建设小康社会为目标,按照统筹城乡经济社会发展的要求,在县、乡党委政府和村级组织领导下,以志愿者协会为依托,坚持村民自治、人人参与、以人为本、服务村民的原则,开展农村村落社区建设活动,努力改善农村环境,繁荣农村文化,维护农村治安,救助困难群体,提高农民素质,树立农村新风,促进农村经济发展、社会稳定和社会各项事业的全面进步。

农村村落社区建设的主要目标是:以便民、助民、利民、安民、富民为出发点,建立党委政府领导,民政部门指导,村级组织牵头,志愿者协会主办,社会力量支持,群众广泛参与的村落社区建设的运行机制,培育农村村落社区组织,拓展农村村落社区服务领域,发展农村村落社区卫生,繁荣农村村落社区文化,美化农村村落社区环境,维护农村村落社区治安,促进农村经济社会协调发展,实现村民自我管理、自我教育、自我服务、自我监督。

农村村落社区建设坚持以下基本原则:(1)自愿参与。村民加入和退出农村村落社区志愿者协会必须由其自愿;开展村落社区建设各项活动,包括兴办公益事业,需要村民积极参加和捐款出力的,都应广泛征求村民意见,尊重大多数村民的意愿,绝对不允许采取强迫命令和强制手段。(2)量力而行。在村落社区建设中,要着力抓好社会互助救济、公益事业服务、卫生环境监督、民间纠纷调解、群众文化活动等不花钱或少花钱,又容易见成效的工作。(3)服务村民。要以人为本,坚持以不断满足村落社区居民的合理需求,提高村民素质和生活质量为宗旨,积极为广大村民群众,尤其是农村困难群众的生产、生活服务。(4)互帮互助。充分发扬中华民族互帮互助、乐于奉献的传统美德,互帮互助,重塑农村新风。(5)形成合力。充分利用村落社区资源,发动各方力量,积极参与村落社区建设,努力形成村落社区建设的合力。(6)公道正派。社区志愿者协会和"五站"成员办事要公道正派,清正廉洁,不以权谋私,不搞宗族派性。

341. 怎样开展农村村落社区建设?

开展农村社区建设应着重把握以下关键环节:

(1)各级党委政府加大对村落社区建设的领导。要在党委、政府的领导下,重点建立健全县(市、区)村落社区建设领导小组,建立各有关部门和单位参加的村落社区建设联席会议制度,形成部门齐抓共建的合力;省、市、县(市、区)要加强调查研究,不断总结和创新活动的内容和形式,加强对村落社区建设的引导,推动村落社区建设不断深入,健康发展。

(2)将村落社区建设与社会主义新农村建设活动相结合。各级在制定社会主义新农村建设实施意见和规划时,要将村落社区建设作为一种有效形式和重要途径给予充分肯定,把村落社区建设纳入到新农村建设当中,明确提出目标、任务,纳入考核评估指标体系;明确省、市、县各级财政安排的社会主义新农村建设经费应统筹兼顾村落社区建设;各地在选择社会主义新农村示范点时,也要尽可能地选择已经开展了村落社区建设的自然村落,使之相互对接,合二为一,形成合力;相关部门要树立全局观念,加强沟通、加强协调,齐抓共建,共同为推进全省农村经济与社会的发展作出贡献。

(3)大力培育和发展村落社区志愿者协会,加强农村社区志愿者队伍建设。要高度重视和加强村落社区志愿者协会和农村社区志愿者队伍建设。一要选好志愿者协会的会长和各工作站的站长,他们是志愿者协会的核心人物。他们的作用发挥得好,志愿者协会的活动就会开展得有声有色。二要采取多种形式动员有志于农村和家乡建设的人们,通过不同形式参与到村落社区建设活动中去,不断壮大农村社区志愿者队伍。着力引导县、乡两级退居二线、退休的干部、无职党员、致富能手、外出务工人员、妇女、青年学生积极参与到建设家乡、造福乡梓的村落社区建设活动中去;三要认真培养和总结志愿者活动的先进单位和个人的典型经验,加大表彰和宣传力度,激发他们继续保持热情、发挥表率作用,并引导更多的人参与到志愿者队伍和志愿者活动中来。

(4)加强舆论宣传,营造良好的村落社区建设氛围。开展村落社区建设这样一项全新的工作,开始广大农村干部群众十分陌生,对村落社区建设的概念、目标和方法均不明白,甚至不少农村基层干部存在畏难情绪,认为村落社区建设超前了,或认为是图形式走过场。实践证明,农村村落社区建设不能仅成为少数人参与的舞台,必须建立一批志愿者为骨干,群众广泛参与的庞大"集合体",才有旺盛的生命力。村落社区建设的主体是村民,没有村民参与,村落社区建设就将成为一句空话。因此,各地要从加强宣传着手,以唤醒群众的社区意识,增强群众的认同感、归属感,使广大村民认识社区,明确社区建设的目的、意义、要求和方法,让农村群众明白什么是农村村落社区建设,怎样进行农村村落社区建设,以及开展农村村落社区建设必要性、重要性等方面的宣传教育,从而提高乡村干部及村民群众的思想认识,使他们积极投身到农村村落社区建设工作中去,形成人人关心、大家参与村落社区建设的浓厚氛围。

(5)大力加强基础设施建设。各地要多方挖掘社区资源,解决基础设施建设,使开展村落社区建设有场地活动。一是利用农村闲置公房,如调整布局后闲置的中小学校旧房、场地,闲置的仓库、敬老院来兴办村落社区活动场所。二是通过改造祠堂,兴办村落社区活动中心。三是利用空闲的农户私房,办成村落社区文化活动站。只有这样,才能因地制宜、节省投入。

(6)广开筹资渠道,建立村落社区建设的长效机制。开展村落社区建设虽然投资不多,但必要的经费开支也是不可缺少的。在财政投入的同时,还要从以下几个方面来筹集经费:一是村民自愿捐款和义务投劳。二是利用相关的扶助款项,如老建扶贫款、民政部门的农村福利事业扶助款,公路建设部门的道路建设扶助款等。三是驻村省、市、县挂钩扶贫单位的帮扶款。四是本村在外工作,具有帮扶能力的人员的单位赞助和个人捐赠款。五是党委、政府相关部门,如组织部、文化局、卫生局等单位的捐款、捐物。

(7)强化村落社区服务功能,多为村民办实事、办好事。服务村民是村落社区建设工作的根本出发点和归宿。要努力把强化村落社区服务功能作为核心工作来抓,积极开展村落公益事业服务,动员群众建设和维护村落内道路、桥梁、水利、广播、有线电视设施;有条件的地方兴办敬老院、托儿所;帮助村民建设沼气池;爱护公共财产,管理群众集体所有的村落水塘、鱼塘、树木、活动场所等。同时还要不断拓宽服务领域,丰富服务内容,做好老年人、残疾人和各种优抚对象的服务工作,不断增加便民利民的服务项目,把方便村民作为根本任务,把村民群众满意不满意、高兴不高兴作为评判工作的根本标准,让村民群众真正得到实惠。

(8)坚持发挥党的领导和农村无职党员的骨干作用推进村落社区建设。全省村落社区建设试点的实践证明,村落社区建设只有在党和政府的领导、支持和扶助下,在农村无职党员模范带头的作用下,才能健康有序地开展和发展起来。从目前成立的村落社区志愿者组织结构看,志愿者协会会长,都是经过村民选举产生的,90%以上的会长都是中共党员,所在社区95%以上的党员都参加了志愿者协会,并被群众推选为"五站"负责人或成员。在开展村落社区建设之初,县、乡(镇)党委、政府、村级组织积极地宣传其性质、宗旨、原则、内容、方法和作用,帮助村民群众提高认识,了解村落社区建设,打消顾虑,提高参与的积极性;在农村群众有了参与的愿望以后,政府和部门以及乡村基层组织给予了场地、资金、物力的帮助,吸引群众自治自办;在村落社区建设进程中,及时地总结经验,树立和推进典型,进行政策指导、检查监督等。所以,村落社区建设离不开党和政府的领导,这不仅是广大村民的要求,也是村落社区自身巩固发展的需要。

二十五
加强农村法制建设

342. 农村群众应着重学习和掌握哪些方面的法律知识?

根据"五五"普法规划的要求,对农民的法制宣传教育要紧贴中心工作、紧贴基层实际、紧贴农民需求,在宣传党在农村的基本政策的同时,结合农村实际着重宣传普及与农民生产生活密切相关的法律知识,主要包括:

(1)关于公民基本权利和义务方面的法律知识,如:宪法、村民委员会组织法、民法通则、物权法、婚姻法、继承法、人口与计划生育法、收养法、义务教育法、妇女权益保障法、老年人权益保障法、未成年人保护法、法律援助条例等。熟悉和掌握公民的基本权利和义务,是对公民法律素质的基本要求。

(2)农业生产方面的法律知识,如:农业法、土地管理法、农村土地承包法、农民专业合作社法、种子法、森林法、草原法、渔业法等。这些法律是对农民财产所有权和生产经营权的有力保护,是农民应该掌握的重要法律武器。

(3)关于市场经济方面的法律知识,如:合同法、公司法、反不正当竞争法、消费者权益保护法、产品质量法、农产品质量法、担保法和税法等。这些法律是调整市场经济关系,规范市场经济秩序,保护包括农民在内的广大经营者和消费者合法权益的有力武器。

(4)维护农村社会和谐稳定方面的法律知识,如:刑法、治安管理处罚法、禁毒法、突发事件应对法、预防未成年人犯罪法、信访条例、社会治安综合治理条例等。维护农村社会和谐稳定是发展农村物质文明、政治文明、精神文明的基本保证,农村干部群众应重视学习和掌握这些法律法规。

343. 哪些人可以称为律师? 律师可以从事哪些业务?

根据律师法规定,律师是指依法取得律师执业证书,接受委托或者指定,为当事人提供法律服务的执业人员。律师可以从事以下业务:(1)接受自然人、法人或者其他组织的委托,担任法律顾问;(2)接受民事案件、行政案件当事人的委托,担任代理人,参加诉讼;(3)接受刑事案件犯罪嫌疑人的委托,为其提供法律咨询,代理申诉、控告,为被逮捕的犯罪嫌疑人申请取保候审,接受犯罪嫌疑人、被告人的委托或者人民法院的指定,担任辩护人,接受自诉案件自诉人、公诉案件被害人或者其近亲属的委托,担任代理人,参加诉讼;(4)接受委托,代理各类诉讼案件的申诉;(5)接受委托,参加调解、仲裁活动;(6)接受委托,提供非诉讼法律服务;(7)解答有关法律的询问、代写诉讼文书和有关法律事务的其他文书。

344. 如何聘请律师打官司?

(1)律师办理案件是不受行政区域限制的,可以请当地的律师,也可以请外地的律师;请律师除了要交律师代理费外,按规定还要负担律师差旅费,所以请外地律师就要考虑一下费用问题。

(2)当选定一家律师事务所以后,首先要到律师事务所办理委托、交费手续,与承办律师按律师收费规定协商好应向律师事务所交纳的费用,签订委托合同和授权委托书等法律手续。

(3)如果指名聘请哪一位律师,律师事务所会优先考虑委托人的要求;没有指定的,律师事务所会统一安排律师办理,但应如实向承办律师陈述案情,提供相关证据,不得向律师提供虚假证据或者要求律师做假证、伪证,那样对官司没有好处,相反相关人员还要承担相应的法律后果。

(4)签订聘请委托合同之后,律师就要按照约定的事项开展工作,提供法律服务;对律师的服务,委托人享有监督的权利,如果承办律师不认真负责,或有巧立名目收取额外费用、以律师身份在委托人处谋取不正当利益的违法违纪行为,委托人有权向当地司法行政部门或向承办律师所在律师事务所负责人举报。

345. 什么是公证？哪些事项可以办理公证？

根据公证法规定,公证是公证机构根据自然人、法人或者其他组织的申请,依照法定程序对民事法律行为、有法律意义的事实和文书的真实性、合法性予以证明的活动。

根据自然人、法人或者其他组织的申请,公证机构办理的公证事项包括以下方面:合同;继承;委托、声明、赠与、遗嘱;财产分割;招标投标、拍卖;婚姻状况、亲属关系、收养关系;出生、生存、死亡、身份、经历、学历、学位、职务、职称、有无违法犯罪记录;公司章程;保全证据;文书上的签名、印鉴、日期,文书的副本、影印本与原本相符;自然人、法人或者其他组织自愿申请办理的其他公证事项。法律、行政法规规定应当公证的事项,有关自然人、法人或者其他组织应当向公证机构申请办理公证。同时,公证机构还可以根据自然人、法人或者其他组织的申请办理下列事务:法律、行政法规规定由公证机构登记的事务;提存;保管遗嘱、遗产或者其他与公证事项有关的财产、物品、文书;代写与公证事项有关的法律事务文书;提供公证法律咨询。

346. 公民如何申办公证事项?

申办公证是一种法律行为,当事人申请公证的内容应当真实、合法。申办公证时,当事人应提交有关证明材料,填写《公证申请表》并按规定缴纳公证费用。如果当事人是企事业法人,办理任何公证均应提交体现有效年检的《企业法人营业执照》、介绍信或法定代表人授权书、法定代表人及受托人身份证件;如果当事人是自然人,在境内的人员应提交身份证件、户籍证明;在境外的人员应提交护照及境外身份证件以及出国前的注销户口证明。除上述规定外,还应按照公证处要求,提交与申办公证事项有关的各类证明材料。需要强调的是,无论在境内或在境外的申请人,除了遗嘱、遗赠扶养协议、赠与、认领亲子、收养、解除收养、委托、声明、生存及其他与当事人人身有密切关系的公证不得委托他人申办外,其他公证均可委托他人前来申办,但应出具有效的委托书、委托人及其代理人的身份证件。

347. 什么是法律援助?

为了保障经济困难的公民获得必要的法律服务,国家建立了法律援助工作制度,即符合规定的经济困难或特殊案件的公民,可以依法获得法律咨询、代理、刑事辩护等无偿法律服务,以保障他们的合法权益得以实现。此举解决了部分公民"请不起律师、打不起官司"的司法不公问题,保护了弱者的平等权利,促进了社会和谐稳定与公平正义。

348. 申请法律援助的范围有哪些?

根据《法律援助条例》和《江西省实施〈法律援助条例〉若干规定》的规定,公民对下列需要代理的事项,因经济困难没有委托代理人的,可以向法律援助机构申请法律援助:(1)依法请求国家赔偿的;(2)请求给予社会保险待遇或者最低生活保障待遇的;(3)请求发给抚恤金、救济金的;(4)请求给付赡养费、抚养费、扶养费的;(5)请求支付劳动报酬的;(6)主张因见义勇为行为产生的民事权益的;(7)请求工伤、医疗事故、交通事故赔偿的;(8)遭受家庭暴力、虐待、遗弃,维护合法权益的;(9)依法应当提供法律援助的其他事项。经济困难的公民对上述以外的事关社会稳定、有重大社会影响的其他事项申请法律援助的,法律援助机构经审查后,报本级司法行政部门批准,可以提供法律援助。

349. 申请法律援助的条件是什么?

根据相关法律法规规定,法律援助的申请提交法律援助机构后,法律援助机构将按照以下条件进行审查并决定您能否获得援助:(1)有合理的请求及事实依据;(2)请求事项属于法律援助范围;(3)因经济困难无能力承担法律服务费用。根据《江西省实施〈法律援助条例〉若干规定》的规定,申请法律援助的公民符合下列条件之一的,应当被认定为经济困难:(1)领取城乡居民最低生活保障金,或者家庭人均收入低于当地最低生活保障标准,但尚未领取城乡居民最低生活保障金的;(2)在社会福利机构中由政府供养的;(3)属农村五保供养对象的;(4)因残疾、严重疾病、自然灾害或者其他原因造成经济困难,确需法律援助的。公民经济困难的证明,由县级以上人民政府民政部门或者申请人户籍所在地(经常居住地)的乡镇人民政府、街道办事处出具。

350. 申办法律援助的程序是什么?

当事人请求法律援助必须以书面形式提交申请,按规定格式和内容填写,并注意递交下列材料:(1)身份证或者其他有效的身份证明,代理申请人还应当提交有代理权的证明;(2)经济困难的证明;(3)与所申请法律援助事项有关的案件材料。以书面形式提出申请确有困难的,可以口头申请,由法律援助机构工作人员或者代为转交申请的有关机构工作人员作书面记录。法律援助机构收到法律援助申请后,应当进行审查;认为申请人提交的证件、证明材料不齐全的,可以要求申请人作出必要的补充或者说明,申请人未按要求作出补充或者说明的,视为撤销申请;认为申请人提交的证件、证明材料需要查证的,由法律援助机构向有关机关、单位查证。对符合法律援助条件的,法律援助机构应当及时决定提供法律援助;对不符合法律援助条件的,应当书面告知申请人理由。

351. 什么是人民调解? 有何作用?

人民调解,就是在人民调解委员会的主持下,在双方当事人自愿的基础上,以国家的法律、法规、规章、政策和社会公德为依据,对民间纠纷当事人进行说服教育、规劝疏导,促使纠纷各方互谅互让,平等协商,自愿达成协议,消除纷争的一种群众自治活动。人民调解作为解决社会矛盾纠纷的重要途径和有效方法,有简便、及时、经济、亲和等优势;与法庭审判相比,不收费、不伤和气是人民调解的优势所在；与行政调解和信访相比，人民调解的范围更广泛，更具有亲和力，程序更加规范、简便。

352. 哪些民间纠纷属于人民调解受理的范围？

人民调解委员会依照法律规定，根据自愿原则进行调解，其调解的民间纠纷，包括发生在公民与公民之间、公民与法人、其他社会组织之间涉及民事权利义务争议的各种纠纷。其中，公民与公民之间的纠纷，一般是指发生在家庭成员、邻里、同事、居民、村民之间，因合法权益受到侵犯或者发生争议而引起的纠纷；公民与法人、其他社会组织之间的纠纷十分广泛，如农村村民与农村合作组织、经济组织、乡镇企业之间因土地承包、农业产业化服务中的合同以及划分宅基地、财务管理等方面的纠纷，企业职工与所在企业之间因企业转制、租赁、兼并、破产、收购、转让或者因企业拖欠职工工资、医疗费等发生的纠纷，城市居民与城市市政管理组织、施工单位、企业事业单位等因城市街道市政建设和危改房屋改造等引发的纠纷等等。但是，人民调解委员会不得受理调解下列纠纷：(1)法律、法规规定只能由专门机关管辖处理的，或者法律、法规禁止采用民间调解方式解决的；(2)人民法院、公安机关或者其他行政机关已经受理或者解决的。

353. 当事人对调解达成的协议可以反悔吗？

根据《民事诉讼法》及其他相关规定，当事人对调解达成的协议应当履行；不愿调解、调解不成或者反悔的，可以向人民法院起诉。人民调解委员会调解民间纠纷，如有违背法律的，人民法院应当予以纠正。

二十六
加强农村基层
组织建设

354. 什么是"三培两带两服务"活动？

为深入贯彻落实党的十七届三中全会精神，从 2009 年起，江西省将在全省农村基层党组织中开展"三培两带两服务"活动，即把党员培养成致富能手、把致富能手培养成党员、把党员致富能手培养成村组干部，党员带头致富、带领群众共同致富，党组织和党员干部服务农民生产经营、服务农民生活改善。这是江西省在新的形势下，对近年来开展的"三培两带"活动的拓展和深化，就是在"三培两带"的基础上，通过党组织和党员服务农民生产经营、服务农民生活改善，引导和带领农民大力发展现代农业和生产经营型农业，切实解决农民日常生活中遇到的各种困难和问题，促进农村经济社会发展和农民增收致富，加快推进农村改革发展和社会主义新农村建设。

355. "三培两带两服务"活动的目标要求是什么？

通过三年努力，到 2012 年，江西全省每个乡（村）都要培植 1 个以上能够稳定增加农民收入的支柱产业，把 90% 以上的村干部和 60% 以上有劳动能力的农村党员培养成为"双带"致富能手；农业社会化服务体系较为完善，农业生产经营组织化程度明显提高，农民收入持续增长；建立健全了农村基层党组织和党员联系群众、服务群众的长效机制，关系农民群众切身利益的突出问题得到有效解决，农村贫困群众生活明显改善。

356. 开展"三培两带两服务"活动的主要措施有哪些？

（1）建立健全农产品销售服务体系。采取"支部＋协会"、"支部＋公司"的形式，发展农民购销合作组织，加强农民党员经纪人队伍建设，提高农民进入市场的组织化程度；依托农村党员干部现代远程教育、农经网和地方党建网站等，建立农产品信息服务平台，定期发布农产品供求、价格等相关信息；统筹城乡党建资源，推进"万村千乡市场"、"新农村现代流通网络"和"农村商务信息服务"工程，开辟农产品流通"绿色通道"。

（2）建立"三培两带两服务"示范基地。采取财政支持、政策扶持、信用合作等办法在全省建立一批"三培两带两服务"示范基地，引导农村基层党组织和党员干部领办、创办、发展专业合作组织、专业协会、龙头企业和社会化服务组织，促进现代农业和生产经营型农业发展，加快农民增收致富步伐。

（3）开展大规模农村党员干部实用技能培训。采取远程教育、电化教育、基地培训、职业技术学校培训、专家现场讲座等多种形式，加强农村党员干部实用技能培训；实施农村党员干部科普致富示范工程，开展送资金、送科技、送信息下乡活动，通过示范村、示范户辐射带动，培养农村科技致富带头人。

（4）加强乡村党组织为民服务阵地建设。抓好乡镇便民为民服务中心建设，依托村级组织活动场所开展"五个之家"（党员之家、留守儿童关爱之家、妇女健康之家、老年活动之家、便民服务之家）建设，切实为农民生产生活提供高效、便捷的服务和帮助，进一步增强农村基层党组织联系服务群众的能力和实效。

（5）创新党员联系和服务群众的有效载体。积极推广农村党员"五带头"、结对帮扶、承诺服务和设岗定责等好经验、好做法,充分发挥农村党员在帮带农民致富、发展公益事业、维护社会稳定等各项工作中的先锋模范作用,形成党员联系和服务群众的长效机制。

357. 农村基层干部应重点提高哪些方面的能力?

党的十七届三中全会提出,建设一支守信念、讲奉献、有本领、重品行的农村基层干部队伍,对做好农村工作至关重要。加强农村基层干部队伍能力建设,重点是要提高五个方面的能力。

(1)执行农村政策的能力。农村基层干部要认真学习领会党在农村的各项方针政策,结合实际创造性地开展工作,不断增强政策观念和执行政策的能力。

(2)引领经济发展的能力。要牢固树立和认真落实科学发展观,紧密联系本地实际,转变发展观念,把握发展规律,理清发展思路,创新发展模式,提高发展质量,推进农村经济社会协调发展和全面进步。

(3)服务农民群众的能力。要始终牢记党的宗旨,坚持权为民所用、情为民所系、利为民所谋,准确把握群众所需所盼,不断拓宽服务群众的渠道,善于通过服务来宣传群众、组织群众、发动群众。

(4)化解矛盾纠纷的能力。要牢固树立法制观念,把法律规范变成自身的行为意识。善于运用法律手段调解纠纷、化解矛盾,切实维护农村社会的和谐稳定。

(5)加强党组织自身建设的能力。要继承和发扬党的优良传统,大力弘扬求真务实作风,经常查找自身存在的问题,注重改造主观世界不断完善自我、提高自我。

二十七

加强农村
党风廉政建设

358. 乡镇便民服务中心有哪些职能?

乡镇便民服务中心建设是"双创"工程的一项重要内容。按照"加强领导,统一规范,整合资源,就近服务"的原则,乡镇便民服务中心实行"一个中心对外、一个窗口受理、一次性告知、一条龙服务、一站式办公、一次性收费"的方式,集中为基层群众提供便民服务。进驻中心的基层站所包括社会保障、综治信访、农业生产、人居建房、计生服务、合作医疗、民政救济等部门。进驻中心的各部门实行合署办公,严格执行公示制、首问责任制、限时办结制、服务承诺制、责任追究制等制度。县(区)行政服务中心对乡镇便民服务中心进行业务指导,乡镇对便民服务中心日常工作进行管理,并提供窗口服务单位办公场地。

乡镇便民服务中心,主要实现以下四个方面的功能:(1)便民办事功能,通过设立办事窗口,为农民群众提供方便、快捷、高效的办证、办事和咨询等服务;(2)为民理财功能,通过建立完善乡村公共资源交易站、实行"村账乡代理"等方式,帮助农民群众管理好农村集体资金、资产和资源;(3)帮民致富功能,通过成立支农服务队、设立支农服务电话等方式,为农民群众提供信息咨询、农技指导等服务,切实解决农民群众生产生活中遇到的困难和急需解决的问题,帮助农民群众勤劳致富;(4)促进和谐功能,通过设立群众信访接待室,实行开门接访,使农民群众"话有地方说,理有地方讲,难有组织帮",及时化解农村各种矛盾,有效促进农村和谐稳定。

359. 农村基层民主决策的基本原则、内容和程序有哪些?

乡镇领导班子要坚持集体领导和个人分工负责相结合的制度。凡属重大问题都要按照集体领导,民主集中、个别酝酿、会议决定的原则,必须经过集体讨论决定,不允许个人或少数人说了算。领导班子主要负责人要敢于负责,有民主作风,并善于发挥每名班子成员的作用。班子成员要积极参与维护集体领导,主动做好分工负责的工作。乡镇领导班子应当制定完善并严格执行议事规则,讨论决定事项应当充分发表意见,对于少数人的不同意见应当认真考虑。领导班子决定重大事项,应当采用口头、举手、无记名或记名投票等方式进行表决。

村级民主决策的基本组织形式是村民会议和村民代表会议。村民会议每年审议村民委员会的工作报告,并评议村民委员会成员的工作。召开村民会议,应当有本村十八周岁以上村民的过半数参加,或者有本村三分之二以上的户的代表参加,所作决定应当经到会人员的过半数通过。村民代表会议讨论决定村民会议授权的事项。村民代表会议由村民每五户至十户推选一人,或者由各村民小组推选若干人组成。

村级民主决策的内容是与农民群众切身利益密切相关的事项,如村集体的土地承包和租赁、村民委员会的设立撤并和范围调整、集体企业改制、集体举债、集体资产处置、村公益事业的经费筹集方案和建设承包方案等,都要进行民主决策。

村民民主决策应当遵循以下程序:(1)村党组织、村民委员会、村集体组织、十分之一以上村民联名或五分之一以上村民代表联名提出议案。(2)村党组织统一受理议案,并召集村党组织和村民委员会联席会议,研究提出具体意见或建议。(3)村民委员会召集村民会议或村民代表会议讨论决定。(4)村党组织、村民委员会组织实施村民民主决策事项的办理。对提交村民会议或村民代表会议讨论决定的事项,会前要向村民或村民代表公告,广泛征求意见;会后要及时公布表决结果,及时公布决定事项的实施情况。涉及村民利益的重大事项,必须提请村民会议或村民代表会议讨论决定。

360. 加强农村基层干部廉洁自律工作主要有哪些制度?

加强农村基层干部廉洁自律工作主要有任前廉政谈话制度、诫勉谈话制度、述职述廉制度、村干部勤廉双述评议制度。

县、乡党委、纪委或组织部门对新任职的农村基层干部应当进行任前廉政谈话。谈话以贯彻民主集中制、执行党风廉政建设责任制、落实党在农村的各项方针政策、遵守廉洁自律规定等方面的要求和存在的问题为主要内容。

县、乡党委、纪委和组织部门发现农村基层干部在政治思想、履行职责、工作作风、道德品质、廉政勤政等方面的苗头性问题,应当及时对其进行诫勉谈话。有关诫勉谈话要求和该干部的说明,应当书面记录,经本人核实后,由组织(人事)部门或纪律检查机关留存。

乡镇党委和村党组织负责人,每年在规定范围述职述廉一次。述职述廉的主要内容包括学习贯彻邓小平理论、"三个代表"重要思想、科学发展观和党的路线方针政策情况,坚持民主集中制情况,履行岗位职责和执行党风廉政建设责任制情况,遵守廉洁自律规定情况,存在的突出问题和改正措施,其他需要说明的情况等。述职述廉可以邀请群众代表参加。

推行村干部勤廉双述评议制度。村党支部、村民委员会班子成员每年要向村民代表汇报履职情况,重点是村里全年工作、财务管理、经济社会发展和勤政廉政等情况,并接受村民的民主评议。主要程序是:村党组织、村民委员会成员在有关会议上汇报自身履行职责情况和廉洁自律情况;参会的党员代表和村民代表针对汇报情况现场进行询问和质询,并开展民主测评;村干部对代表提出的问题现场答复,能解决的当场承诺,一时难以解决的要说明情况。

361. 乡镇财务管理主要有哪些规定?

乡镇财务管理规定主要包括乡镇政府年度收支预算的编制、财务"零户统管"和"收支两条线"、财政支出审批、"乡财县管"财政管理方式等。

乡镇政府要增强依法理财、硬化预算约束意识,科学合理地编制年度收支预算。收入预算按照乡镇和各单位上一年度收入实绩和积极、稳妥的原则编制。支出预算按照"量入为出"和"保工资、保运转、保稳定、保发展"的原则合理安排,不得留有硬缺口。

乡镇财政所要在对本乡镇行政事业单位银行账户进行全面清理的基础上,撤销各单位现有的银行账户。乡镇各项收入全部纳入乡镇国库或财政专户,由乡镇财政所统一核算和管理。各单位支出实行报账制管理。任何单位都不得自行设立账户,更不能私设"小金库"。

乡镇财政要严格实行支出"一支笔"审批制度,做到支出有预算、开支有标准、审批按程序。规范财务报销手续,限时办理费用结算。各项开支一律做到有合法的原始凭证、有合规的支出用途、有具体经办人、有单位负责人和审批人签字，不得以领代报，以拨代支。

在保持乡镇资金所有权和使用权不变的前提下，各地原则上要积极推行"乡财县管"财政管理方式改革，实行"预算共编、账户统设、集中首付、采购统办、票据统管"的财政管理方式，由县级财政主管部门直接管理并监督乡镇财政收支。对经济欠发达、财政收入规模小的乡镇，可以积极探索试行由县财政统一管理其财政收支的办法。

362. 村级财务、集体资产管理主要有哪些规定？

村集体经济组织要建立和完善规范的财务管理制度，主要包括：民主管理和财务公开制度、现金银行存款管理制度、债权债务管理制度、资产台账制度、票据管理制度、会计档案管理制度、农村基层公务接待规定、村干部任期和离任经济责任专项审计制度、一事一议筹资筹劳制度、土地补偿费监督管理制度等。

村级可以成立村民民主理财小组。村民民主理财小组成员由村民会议或村民代表会议从村务公开监督小组成员中推选产生，代表村民进行民主理财，向村民会议或村民代表会议负责并报告工作。其主要职责是负责对本村集体财务活动进行民主监督，参与制定本村集体的财务计划和各项财务管理制度，有权检查，审核财务账目及相关的经济活动事项，有权否决不合理开支，有权要求有关当事人对财务问题作出解释。当事人对否决有异议的，可提交村民会议或村民代表会议讨论决定。

财务事项发生时，经手人必须取得有效的原始凭证，注明用途并签字（盖章），交民主理财小组集体审核同意，并由民主理财小组组长签字（盖章），经村党组织、村民委员会负责人审批同意并签字(盖章),由会计人员审核记账。

村级可以实行会计委托代理服务。村级会计委托代理是指在村民自愿的基础上,委托乡镇或其他会计专业化服务机构对村所有集体资金和账目进行管理。实行村级会计委托代理的地方,要充分尊重农村集体经济组织资产所有权和财务管理自主权,按会计核算主体分设账簿,实行统一电算化管理,建立健全电算化内部管理制度。

农村集体土地、厂房、设施、设备等发生产权转移时,必须经过农村集体资产管理部门和具有评估资质的单位按照程序科学评估,按照市场原则确定价格,并建立台账;农村集体土地、厂房、设施、设备等出租时,出租方案必须经农村集体经济组织成员大会或成员代表大会讨论通过;农村集体建设项目、购置大型或大批设备,必须公开招标。农村集体土地、滩涂、水面等资源开发利用,实行公开竞价和招投标制度。

党和国家机关工作人员到农村基层进行公务活动,不准用公款在社会上的经营性饭店用餐。村组不准招待党和国家机关工作人员。乡镇公务接待一律安排在机关食堂就餐,严格控制接待标准和就餐人数,杜绝铺张浪费。

363. 农村基层干部经济责任审计的主要内容、重点是什么?

乡镇党委、政府正职领导干部任期届满,或者任期内办理调任、转任、轮岗、免职、辞职、退休等事项前,应当接受任期经济责任审计。审计机关通过对乡镇正职领导干部所在部门、单位财政收支、财务收支的真实、合法、效益情况审计,分清领导干部本人应当负有的主管责任和直接责任。审计的主要内容是:(1)预算的执行情况和决算或者财务收支计划的执行情况和决算;(2)预算外资金的收入、支出和管理情况;(3)专项资金的管理和使用情况;(4)国有资产的管理、使用和保值增值情况;(5)财政收支、财务收支的内部控制制度及执行情况;(6)其他需要审计的事项。

　　行使村集体及村民委员会财务审批权和参与村级经济活动决策的村委会成员都应接受任期和离任经济责任专项审计。审计重点为:(1)任期内农民人均纯收入、农村基础设施建设、村级集体资产等农村经济责任目标完成情况。(2)财经法纪执行情况。主要审计各项收入是否及时、足额入账,有无侵占、挪用、私分集体资金和私设"账外账"或"小金库"等问题;是否存在通过虚增债权的手段来虚增收入以及将收入或非法收入挂在往来账上虚增债务等问题;有无滥用职权侵占、挪用、平调集体资产和长期占用集体资产的问题;是否存在未按民主程序,私下交易变卖土地等问题。(3)集体资产处置、债权债务管理、土地发包承包、专项资金管理和财务公开等农民群众关注的热点问题。各地还要根据实际情况,对当地党委、政府和农民群众要求审计的其他热点问题进行审计。

364. 乡镇政务公开的主要内容、形式是什么?

　　乡镇政务对群众、企事业单位公开的主要内容有:(1)有关年度财政预决算、专项经费使用、债权债务管理、工程项目招投标、社会公益事业建设等乡镇政府行政管理、经济管理活动的事项。(2)有关征地补偿费、安置补助费发放、宅基地审批、救灾救济款物发放、优待抚恤等与村务公开相对应的事项。(3)乡镇政府各部门和派驻站所的工作职责、办事依据、办事条件、办事程序、办事纪律、办事期限、监督办法和办事结果;有关部门的收费、罚款标准和收缴情况等需要公开的事项。(4)上级主管部门明确要求必须公开的其他事项。

对本机关干部职工公开的主要内容有:(1)领导干部廉洁自律情况;(2)机关内部财务收支情况;(3)招待费、差旅费的开支情况;(4)干部交流、考核、奖惩情况以及机关干部职工关心的其他重要事项。

乡镇及派驻站所要设立固定的便于群众观看的政务公开栏,及时将应公开的内容张榜公布。还可以根据实际情况,通过会议、广播、电视、网络、便民手册、电子触摸屏等有效形式,予以公开。

365. 村务公开的主要内容、形式、时间和基本程序有哪些规定?

村务公开的主要内容有:(1)村级财务公开。包括财务收支、固定资产购建、农业基本建设、收益分配等财务计划;集资款、土地补偿费、救济扶贫款和上级部门拨款等各项收入;生产性建设、公益福利事业、村组(社)干部工资及奖金支出;现金及银行存款、产品物资、固定资产、对外投资等财产;村集体债权债务;缴纳税金、提取公积金、公益金、福利费数额和投资分利等收益分配;农户承担的集资款、水费、电费、劳动积累工、义务工及以资代劳情况等。(2)村民自治事务公开。包括享受误工补贴的人数和补贴标准、村集体投资的项目和村办企业的承包方案、村公益福利事业建设、村内一事一议筹资筹劳、村土地承包经营方案及土地流行情况、村干部年度工作目标、工作安排和民主评议情况等。(3)村级政务公开。包括计划生育、宅基地审批、土地征用补偿、税费改革和农业税减免政策、救灾救济款物发放、招工征兵、优抚五保、水电费代收代缴、种粮直接补贴、新型农村合作医疗、退耕还林款物兑现、教育补助、国家扶贫开发项目、社会各界支持新农村建设项目等。

村务公开要坚持实际、实用、实效的原则,在便于群众观看的地方设立固定的村务公开栏,同时还可以通过广播、电视、网络、"明白纸"、民主听证会等有效形式公开。

一般的村务事项至少每年度公开一次,涉及农民利益的重大问题以及群众关心的事项要及时公开。集体财务往来较多的村,财务收支情况应每月公布一次。

村务公开应当遵循以下程序:(1)村民委员会根据本村的实际情况,依照法规和政策的有关要求提出公开的具体方案。(2)村务公开监督小组对方案进行审查、补充、完善后,提交村党组织和村名委员会联席会议讨论确定。(3)村民委员会通过村务公开栏等形式及时公布。

后 记

经过近半年的努力,《农民关注 300 问》终于编撰完成了。本书内容共分 27 大类 365 个问题,从与农民生产和生活密切相关的问题出发,采用问答的方式对问题进行解答,具有较强的针对性和可读性,值得农民朋友以及从事"三农"工作的同志阅读和备查。

近几年来,中央出台了一系列强农惠农政策,对农村的关注更密切,对农业的支持更大,给农民的实惠更多,而如何将这些好的政策和实惠原原本本交到农民手中,真正发挥政策的威力,需要大力宣传好强农惠农政策,以更好地促进农业稳定发展、农民持续增收和农村和谐稳定。今年年初,江西省委、省政府组织了三万名干部下基层宣讲中央一号文件活动,通过宣讲活动的开展,我们深切感到,农民对于政策的了解还是有限的,而对政策的渴望是热切的;同时,农民日常生活中也有一些涉及到社会管理方面的问题需要解答。由此,我们萌生了编写一本适合农民阅读的农村适用读物的想法。于是,一本专门为农民朋友编撰的《农民关注 300 问》应运而生了。

本书由江西省委农村工作部组织编撰和统稿。参加本书编写工作的人员有:江西省委副秘书长、省委农村工作部部长吕滨、江西省委农村工作部副部长江海、江西省教育厅副厅长王占铭、江西省水利厅副厅长罗晓云、江西省民政厅副厅长钟起茂、江西省人口和计生委副巡视员尹玉光以及省直有关厅局的邓贤贵、戴杭生、李林生、刘文胜、张胜、陶国强、肖云昌、李玲、齐虹、万筱泓、梁必康、周清、吴晓、涂相安、邓模、郭纺英、徐清华、邓兆芳、杨金余、陈燕等。全书由吕滨负责总指导和审改定稿,江海负责总体框架设计和编纂,邓敏军负责统稿工作。黄承锋、吴颖霞、陈和谦参加了文稿的收集整理。书稿定稿后,承蒙中央财经工作领导小组办公室副主任、中央农村工作领导小组办公室主任陈锡文亲自为本书作序。在本书的编撰过程中,得到了江西省直农口和涉农部门的大力支持和积极配合,书中所涉及的相关政策问题均由相应部门安排业务骨干作答。此外,江西人民出版社社长徐建国、编审鄢新民为本书的策划、出版付出了辛勤的劳动,在此一并表示感谢!

编写普及性的农村政策读本是我们服务于"三农"的新尝试,无论在内容编排或文字表述方面难免有不足之处,真诚地希望广大读者批评指正,以便今后能不断修改完善。

吕　滨
2009 年 6 月于南昌